馆长珍藏系列

不朽大师的传世杰作

CURATOR'S COLLECTION

Embrace the Golden Age of Art

繁星巨浪

大艺术家的作品和他们的故事

张志龙◎著

峰回路转卷

中国法制出版社
CHINA LEGAL PUBLISHING HOUSE

馆长珍藏系列

不朽大师的传世杰作

CURATOR'S COLLECTION

繁星巨浪

大艺术家的作品和他们的故事

张志龙◎著

峰回路转卷

Embrace the Golden Age of Art

中国法制出版社
CHINA LEGAL PUBLISHING HOUSE

<自　序>

艺术，让人心灵更富裕、更自由

早就想写这样的一本书。

长期在企业工作，我深刻理解叔本华归结人生“沦为一团欲望”的景况；当个人受欲望驱使投入工作，势必得忍受商业机制与专业分工无情理性的支配，而借由努力拼搏以期盼获得成就感、名声和物质的过程，是漫长而痛苦的。吊诡的是，从阶段性欲望获得满足的那一刻起，才得到的快乐却迅速消退，落入寂寥无趣的状态。于是，人生就在痛苦与无聊之间反复摆荡。

我向来对于艺术有着浓厚的兴趣，艺术之于我，便成为摆脱贫乏循环的救赎。借由磨炼感知能力，让自己读得懂、看得见、听得到，在日常生活里培养细致品味的感受能力，体验世界文明浩瀚的遗产与宝藏，让心灵更富裕、更自由。

因此，我想写一本关于艺术的书，有别于纯艺术语汇或学院评论，破除艺术为冷知识的刻板印象，希望能邀请读者一同置身于作品背后的历史场景，以亲临现场的视野与角度，进入艺术的国度。

提笔前的准备工作早已开始，后来却因一场丝路长征而搁置，但也因为这段经历，为这本书所需具备的历史情境与人性关怀，提供了重要启示。

2011 年，我和友人发起丝路长跑的极限长征，从台湾出发，以伊斯坦布尔为长跑起点，一路穿越土耳其、伊朗、土库曼斯坦、乌兹别克斯坦、哈萨克斯坦，入境我国霍尔果斯边关，再沿着新疆、甘肃前进，历经一百五十天，行进一万公里，最后抵达目的地西安。在这趟经费捉襟见肘，签证申请困难重重，总担心无以为继的漫漫征途上，团员的气力消磨殆尽，而每当我们陷入自问所为何来的灰暗境地时，不时有意外的光穿透射入，有的带来温暖，有的指引方向。

这些光，散发自旅途上相遇的异乡人身上，折射出极少出现在历史主轴中的丝路文明。在一次次与异乡人跨越藩篱的对话中，我逐渐拼凑出波澜壮阔的部落民族图像，领略世代相传的文明意涵。我们与异乡人之间，也不时在人性共通的惆怅空隙里，看见相互慰藉的可能；从彼此的关照中，看见生命的多重意义，它印刻在灵魂深处，不断抚慰旅人的心，让我们勇敢地往前迈进。这段刻骨铭心的长征体验，以及赋予此行深义的丝路文明探索，皆收录于《拥抱丝路》一书。

《拥抱丝路》出版后，在超过百场的演讲和访谈中，我仿佛一再回到路上，重复永不停歇的丝路征途，纵使我乐于分享充满人性试炼与文明情怀的壮旅，也与观者相互激励勇敢做梦并付诸行动，但脑海里不断有个声音，催促我该尽早投入之前许诺的这本书。

在搜集素材、着手章节纲要的过程中，我没有忘记丝路旅程给我的启发；亲自勘查事件现场，吐纳人文风土的涵养，瞭望历史文明的景深，再回归探索艺术发展与人性反省的脉络，是撰写《繁星巨浪》必须涵盖的元素。

《繁星巨浪》探索的“现代艺术”，是指十九世纪中期，在巴黎兴起一股反抗官方学院艺术的独立创作运动。这股前仆后继、进行约一个世纪的现代艺术运动，充满与时俱进的动能，不断展现新的表现形态与美学价值，翻转传统艺术的框架与面貌。它不仅改变绘画与雕刻的创作流向，甚至也影响建筑、文学、戏剧等领域的发展。因此，我们可以说，了解现代艺术是通往各种艺术欣赏不可或缺的基础，这是我选择现代艺术作为打开艺术之窗的缘由。

本书所探讨的现代艺术运动固然发生在十九世纪中期的巴黎，但作为吹响号角的先锋——马奈，其突破传统的策略与技法，实可追溯至十六、十七世纪开创巴洛克运动的卡拉瓦乔。

卡拉瓦乔是个难得一见的奇才，也是离经叛道的异类，在他出道的十五年岁月里，几乎都处于逞凶斗狠、进出牢狱的窘境，他让后代艺术家获得启蒙的伟大作品，也多在流亡途中创作。

当卡拉瓦乔在颠沛流离中结束短暂的生命后，一心想承袭古希腊罗马、文艺复兴艺术而来到罗马作画的法国画家普桑，看到卡拉瓦乔的作品，却批评他的作品猥亵，直斥他为破坏艺术之徒。普桑崇尚历史、哲学与宗教教义，以复兴古典艺术为己任，并深化其所代表的精神与价值，这奠定他成为新古典主义的创始人物的基石，让其主宰西方艺术标准长达两百多年。

新古典主义之所以蔚为主流，法国大革命时期的雅克-路易·大卫功不可没。他不但继承普桑的美学价值，更将新古典主义注入法国艺术教育系统，形成牢固的思想体系与制度，其影响范围超越绘画雕刻领域，甚至扩及建筑风格乃至城市设计。今天世人所喜爱的巴黎面貌，便是新古典美学的终极展现。

法国学院艺术以新古典主义为本，建构强大的学术殿堂后，却未能顺应时代的改变而与时俱进。此时，一些独立创作者，体内流着叛逆的血液，顶着无法妥协的傲骨，屡败屡战，在冷嘲热讽与异样眼光中坚守非主流路线的创作，于是马奈、德加、塞尚、莫奈陆续登场；此外，历经苦难不得志、浪迹荒境也无法善终、让人喟叹不已的凡·高和高更，在荒野陋室中兀自绽放光芒；而目空一切、横空出世的艺术家，屡创无人能望其项背的奇迹，如马蒂斯、毕加索，均是本书探索的对象。

除此之外，在十八、十九世纪风起云涌的时代，政治、宗教、社会、文学、科学和生活形态都急遽变化的背景下，本书也还原当时独立艺术家如何与各领域的前卫人士互为支援，齐力对抗保守的美学思想与体制，因而形成沛然莫之能御的洪流。

其中包含，波德莱尔的诗与美学概念带给马奈创作的灵感；作家左拉则声嘶力竭地为马奈的作品辩护；凡·高背后若无弟弟提奥无悔的资助，恐怕我们无缘见到如此星光璀璨的夜空。而提奥的影响不仅于此，他满怀理想支持独立艺术家的创作，印象派能逆风前进，提奥功不可没。

进入二十世纪，来自美国的列奥与格特鲁德·斯泰因兄妹在现代艺术史上扮演举足轻重的角色。斯泰因兄妹来到巴黎，从收藏塞尚的作品开始，之后是雷诺瓦、高更，后来最多的是马蒂斯和毕加索。本书也提到毕加索如何因斯泰因兄妹的刺激，进而创作出立体派的惊人作品。1913 年，斯泰因兄妹的友人，结集包括印象派、后印象派、野兽派和立体派等前卫作品到美国巡回展出，却因老罗斯福总统参观后直斥现代艺术的荒谬，反倒吸引空前的参观人潮，从此启蒙了美国艺术家从事现代艺术的创作。

反过来，身为作家的格特鲁德·斯泰因则从塞尚作品得到灵感，完成小说《三个女人》。后来，这位师承心理学大师威廉·詹姆斯的意识流作家，又从毕加索等人的立体派作品得到启发，融入《美国人的形成》的写作风格。

汇集各界力量所形成的现代艺术运动，不只击垮古典艺术殿堂的巨厦，开创二十世纪以来的艺术面貌，也对文学、建筑、城市带来不可磨灭的影响。《繁星巨浪》针对现代艺术发展过程中，政治与社会错综复杂的互动演变，对于艺术家的性格及亲情、爱情、友谊的盘根错节如何牵动作品的形成均有详细的描述。

在准备《繁星巨浪》的过程中，除了相关的史料、传记及评论文献的搜集之外，我也研读相关的文学作品和政经社会文献，以重建当代的时空景象、思想潮流与社会氛围。此外，从《拥抱丝路》所获得的经验，我深知现场考察的重要性。作者必须与文明对话，与阅读所得的理论及知识搏斗，才得以建构接近史实的脉络，确立关键与转折性的代表作品。因此，我尽可能亲历艺术家的成长地、影响现代艺术事件的现场以及收藏作品的场馆。

数年间，我遍访意大利的罗马、佛罗伦萨、那不勒斯、威尼斯、米兰，荷兰的阿姆斯特丹，法国的巴黎、普罗旺斯和蔚蓝海岸城市，以及西班牙的马德里、塞维亚和巴塞罗那，如此才能让读者接近有温度的历史现场，呼吸时代的气息，坦然航行于艺术的长河，融入评析所见所闻的时代故事。这是我下笔的方法和态度。

在《繁星巨浪》中，我竭力展现艺术发展多面向的缤纷面貌，希望对艺术不甚熟稔的读者，总能从自己有兴趣的界面找到进入艺术欣赏的途径；对于艺术不陌生的读者，我期许提供一种不同于艺术史的写作方式：以个人为起点，生活圈为平台，介绍艺术进程与时代变迁的互动事件，让我们能更全面了解艺术与我们所处世界的千丝万缕的联系。

最后，我期待与读者在这趟跨越四百多年的艺术探索旅程中，一同领会作品璀璨永恒的价值，在不经意的角落瞥见人性的幽微与光辉，从永恒的艺术家身上获得挥洒生命的勇气与信心，开启属于自己的探索长征。

张志龙

<目 录>

| 第一章 |

燃烧炙热的星空

凡·高

Vincent van Gogh
30 March 1853—29 July 1890

生命的启航

“爱情给我的启示好比福音书。‘没有一个女人是老的。’这句话并不意味着天下没有老迈的女人，然而一个女人，只要她爱人而且被爱便不算老。我确定女人与男人是迥然相异的，是我们仍未理解的人类，至少所理解的只限于非常表面的东西。我也相信夫妻能够合而为一，也就是说一整个，而不是两个一半。”①

这是二十岁的文森特·凡·高初到伦敦旅居时写给弟弟提奥的一段话。显然，凡·高坠入了情网，浪漫的情愫打开前所未有的感官知觉。原来，除了福音书外，爱情的魔幻力量也能为生命带来智慧和喜悦！

文森特的名字取自同名的祖父，后者是一名牧师。祖父母的众多子女中，女孩们，有一位夭折，三位未嫁，两位嫁给高官；至于男孩们，一位官居海军司令，三位成为艺术经纪人，而文森特的父亲提奥多勒斯·凡·高（Theodorus van Gogh，1822—1885），承袭了父亲的衣钵，终身担任牧师。文森特的母亲家世与凡·高家族门当户对，外祖父经营荷兰第一家书籍装订厂，有皇家书商的美誉。母亲的妹妹中，一位嫁给名望

---

① 1873 年 6 月凡·高在伦敦写给提奥的信。:（美）欧文·斯通:《凡·高书简全集》，果云译，艺术家出版社 1997 年版，第 61 页。（Irving Stone Ed，1937，*The Complete Letter of Vincent van Gogh.*）

很高的牧师，另一位嫁给了文森特经营绘画和美术材料生意的叔叔，他的名字也是文森特。[①]

第一个职业：画廊经纪

凡·高叔叔的生意很成功，他是欧洲最大画行——古庇（Goupil & Cie）画行的合伙人。古庇画行总部设在巴黎，在伦敦、柏林、维也纳和纽约都设有分公司，而海牙和布鲁塞尔的子公司则是由凡·高的叔叔亲自成立的。

古庇画行的事业发达以后，叔叔的健康却开始走下坡路。因为膝下无嗣，他有意栽培与自己同名的侄子接班。叔叔先让侄子到海牙实习三年，侄子因工作表现甚获好评。1873 年，叔叔派他到伦敦历练。时年二十岁的凡·高所领的薪酬比父亲还高。同年，十六岁的弟弟提奥也进入古庇画行在布鲁塞尔的分店实习。

到了异乡，凡·高借住在卢瓦耶（Loyer）母女家里，她们来自法国南部。不久，他喜欢上房东的女儿欧珍妮·卢瓦耶（Eugénie Loyer）[②]。在写给弟弟的信上，他表达了对女人的憧憬，无非是出自对欧珍妮的情怀。然而，当凡·高向她求婚时，欧珍妮竟表明自己已与他人私订婚约，未婚夫是前任房客，威尔士人。

这时，凡·高不仅在感情上受挫，在工作上也面临理想与现实的挣扎。当时，古庇画行为了迎合新兴中产阶级市场的需求，大量制作复制画、版画、雕塑和摄影作品，经营得非常成功。艺术品的选择与推荐，不是依其创作价值和精神内涵，而是听凭市场的风向和宣传操作，以获利最大化为目的。

凡·高对于这种纯商业的经营逻辑渐感不耐，加上感情的创伤，个性变得孤僻阴沉，和公司管理层时有龃龉。他渐渐把翻搅的情绪寄托于

---

① 林淑琴译序：《追忆文森特·凡·高》收录于（美）欧文·斯通：《凡·高书简全集》，果云译，艺术家出版社 1997 年版，第 12 页。（Johanna van Gogh-Bonger，1913，*Memoir of Vincent van Gogh.*）

② Gregory White Smith & Steven Naifeh（2011）. *Vincent van Gogh: The Life*（p.90.）Profile Books. 作者按：在约翰娜·凡·高-邦格尔（文森特的弟媳）所写的《追忆文森特·凡·高》，将房东的女儿名误作厄休拉（Ursula），而厄休拉实为房东的名字。后来著名的《凡·高传》作者欧文·斯通也错误沿用。

宗教，与画行的市侩风格渐行渐远。叔叔察觉有异，将侄子调回巴黎总公司，但凡·高并不喜欢这样的安排。

我的揣测是，他无法忘情于欧珍妮，不想离开伦敦。

此后一年多的时间，他数度往返于巴黎和伦敦之间。最后，1876年3月，凡·高决定离开任职六年的画行。

终生都想成为传道士

一个月后，凡·高跑到英格兰东南部兰兹吉特（Ramsgate）一所小学当代课老师。兰兹吉特位于英吉利海峡边，是许多水手和商人往返英格兰和欧陆的港口城市，相当国际化。凡·高凭着能操荷、英、法、德语的优势，积极寻觅传教士的职务。

二十三岁的凡·高之所以能通晓多国语言，除了生活中不离阅读、极为好学以外，也与他的成长环境有关。荷兰语原本就是日耳曼语系的分支，德、荷两语的近似度高，德语的学习相对容易；至于法语，则是当时荷兰中上层家庭的时尚，是社交场合很受欢迎的语言；而遍设于欧洲的古庇画行，更是为他提供了操练这些语言的绝佳平台。

尽管他的条件优越，但工作机会始终没有降临，连正职教师的缺也没有。代课老师的报酬只有住宿和食物津贴，没有分文薪资，他很快就把之前的积蓄用罄。想去伦敦的时候，只得徒步远行。他曾在信上写道：

> 上星期一，我从兰兹吉特步行到伦敦，一趟长途的旅程。从一开始到抵达坎特伯里[①]时，天气一直很热。傍晚，我又走了一大段路程，到了小池边的几株大山毛榉和榆树下，稍事休息。凌晨三点半，鸟儿开始在曙光里鸣唱，我再度上路，这时候走起来很舒服。中午抵达占松[②]，在浸湿的草地之间，可以眺望船舶往返的泰晤士河，我想那边的气候，经年阴霾。就在那儿，一辆载货马车顺路载了我几英里。不久，马夫在一处旅馆

① 坎特伯里（Canterbury），位于伦敦东南方约一百公里处。
② 占松（Chatham），位于伦敦东南方约五十公里处。

停下来办事，我担心要等很久，就自个儿上路。黑夜降临时，我抵达伦敦郊区，然后又疾走穿过长长的街道，走到城市的另一端……[①]

这段两整天的单程路途至少有一百三十公里。我不确定他是否到过欧珍妮家“站岗”，他信上倒是提及走访了几个教会，企求谋得一职，但终究怀才不遇，只好回到荷兰。

在亲人的安排下，凡·高在书店工作了几个月，感到索然无味，他决定考大学，以取得传教士的资格。

他苦读好几个月，速学希腊文和拉丁文，但没能考取。后来，他进入一所教会所属的短期学校。三个月后，因不善即席演说，只能生硬背诵，考试再度败北。

然而，教会一位资深牧师彼得森（Abraham van der Waeyen Pieterszen）有感于他对上帝的虔诚和传播福音的渴望，派遣他到比利时南部矿区的华斯美（Wasmes）村传教。初期的生活费得由父亲支付，待试用期满，获得正式任命，教会才会给薪。

凡·高之前在英格兰的时候，曾申请过矿区传播福音的工作，但因年纪太轻遭拒。他曾经以法、德、英文翻译抄写《仿效基督》[②]，这本书让他知道世间的一切都是过眼云烟，人应该抗拒诱惑，远离安逸，忍受在世的忧患，以谦卑、服从、素朴的态度生活，心系死亡的时刻，静待最后的审判，以谢主恩的心情，追求上天的幸福。

彼得森牧师派他到矿区传教，让他得以亲身实践《仿效基督》的教义，这正是他梦寐以求的难得的好机会，对教会的这项安排他心中充满感激。

当他来到华斯美，映入眼帘的尽是贫穷残破的景象，他写道：“大半的矿工因热病而变得苍白细瘦，他们总是疲倦衰弱，沧桑老迈，妇女全都憔悴凋萎。矿坑周围是穷矿工的陋屋、几株被黑烟熏黑的枯树、散

---

① 1876年6月凡·高在兰兹吉特写给提奥的信。（美）欧文·斯通：《凡·高书简全集》，果云译，艺术家出版社1997年版，第66页。（Irving Stone Ed，1937，*The Complete Letter of Vincent van Gogh*.）

② 《仿效基督》（*The Imitation of Christ*）又译为《效法基督》、《轻世金书》、《师主篇》或《遵主圣范》。

落的荆棘丛篱、堆肥、垃圾场和废煤渣堆积的小丘。”[①] 凡·高没有因此退却，反而深入当地了解底层生活，探视贫苦生病的人，还亲自下到地底七百多米的煤矿，感受恶劣的工作环境。白天的时候，他利用徒剩四壁的托儿所给孩童上课，晚上或假日则转为传播福音的场地。

凡·高发现矿区里的人大多不识字，甚至不怎么好相处。“他们对于企图施加威势在其身上的任何人，有一种天生牢固的恨意和死不信任的态度。跟烧木炭的人在一起，就应该有烧木炭人的性格和脾气，不带虚饰的骄傲和统驭，否则永远处得不融洽，无法赢得他们的信任。”[②] 于是，他搬离教会安排的面包烘焙师傅家——村子里唯一的砖造民房，住进和当地人一样的简陋茅屋。他开放讲道的场所，接纳病患、孤儿等需要帮助的人。在矿难发生时，帮人们一起抬尸体，挖坟坑。

凡·高的慈悲善举，温暖了村民的心，好评也传回教会，他因而获得被临时聘用的资格，可领取微薄的收入。但眼见矿区人们的生活实在太苦，他就把薪水拿去买药和食品，甚至把自己的衣服、面包捐给更悲惨无依的人。他再明白不过的现实是：如果不能让村民活着、吃饱、穿暖，“福音”是怎么也传不进他们的心里面的。

六个月试用期满，教会派人来视察。结果，他们看到所谓的“教堂”沦为贫民窟，礼拜仪式零乱不庄严；身为传教士的凡·高不修边幅，衣着肮脏残破，外表和当地居民无异，一副贫困潦倒的模样。他们向教会报告，凡·高的行为严重污蔑圣灵，有辱教会神职人员的形象。或许教会人员也担心，如果同情凡·高的行为，会产生如《行善的诱惑》[③] 中所叙述的威胁，危及教会组织与管理的稳定。

就这样，一个全心全意追随基督、效法基督、实践基督精神的传教士，遭到开除。

设身处地，任谁都会心生“视同草芥，弃如敝屣”的感叹。凡·高对教会的颟顸有深切的领悟，他曾说：“传道者的情形和艺术家一样，

---

① 1879 年 4 月凡·高在华斯美写给提奥的信。（美）欧文·斯通：《凡·高书简全集》，果云译，艺术家出版社 1997 年版，第 92 页。（Irving Stone Ed，1937，*The Complete Letter of Vincent van Gogh.*）

② 1878 年 12 月凡·高在华斯美写给提奥的信。（美）欧文·斯通：《凡·高书简全集》，果云译，艺术家出版社 1997 年版，第 92 页。（Irving Stone Ed，1937，*The Complete Letter of Vincent van Gogh.*）

③ 《行善的诱惑》是管理学大师彼得·德鲁克一本探讨人性的管理小说，讨论了在虚构的时空环境里，一个心存善念的举动，为何会掀起漫天波澜并危害到组织的稳定。

那是一所古老的学院，专横可憎，累积着恐惧，里头的人穿戴偏见与丑陋的胸甲；那些人一居高位掌大权，便恶性循环地袒护党羽，排斥别人。”①

虽然他没有完全否定自己的信仰，但情绪已陷入无底的深渊。全然地牺牲奉献，却换来彻底的羞辱与遗弃。五年来的连番挫折与准备，以为踏上志业的旅程，却失足从悬崖坠落。凡·高万念俱灰，在没有光的世界里，他拖着行尸走肉般的游魂，失去时间与意识的坐标。

几十天以后，徒具一副皮囊的凡·高，觉得总要一个答案吧，便勉强打起精神，接连数个昼夜画了几张矿区的素描，作为远行访友的伴手礼。他穿着不成形的残破衣裳，往北辗转步行一百三十多公里②，去见当初安排他到华斯美的彼得森牧师。

彼得森的女儿应声开门时，被眼前狼狈落魄的“访客”给吓坏了，彼得森却神态自若地接待了他，为他准备房间休息。隔天，牧师带他参观自己的画室，交换彼此对艺术的看法。

彼得森对凡·高的处境了然于心，给他许多鼓励。牧师在写给凡·高父母的信中提到：“凡·高给我的印象是，他站在自己的理想之中。”③

或许就是带着这份肯定与鼓励，凡·高回到矿区附近的奎斯美斯（Cuesmes），租下一间画室，把生活的重心投入画画。他自述：“在悲惨的黑暗深渊里，渐渐恢复了精神气力，我对自己说：我一定要站起来，捡起在绝望境地时丢弃一旁的铅笔，从那一刻起，我有种事事都为我而变的感觉，我能随心所欲用笔画出更好的画。”④

除了矿区的人物景致，凡·高也经常远行找新的素材。钱不够，就

---

① 1880年7月凡·高给提奥的信，写于奎斯美斯（Cuesmes）。果云译：《凡·高书简全集》，艺术家出版社1997年版，第102页。（Irving Stone Ed，1937，*The Complete Letter of Vincent van Gogh.*）

② 根据1879年8月7日凡·高父亲写给儿子提奥的信，凡·高先步行到Sint-Maria-Horebeke（在华斯美北方约七十公里处）找彼得森牧师，不料他人不在教区，而在布鲁塞尔的家中。于是凡·高继续往东走六十公里到布鲁塞尔。Johanna van Gogh（Trans），Robert Harrison（Ed）. *Van Gogh's Letters - Unabridged & Annotated.* Retrieved Nov 15，2015 from *http://www.webexhibits.org/vangogh/letter/8/etc-fam-1879.htm.*

③ 林淑琴译序：《追忆文森特·凡·高》，收录于（美）欧文·斯通：《凡·高书简全集》，果云译，艺术家出版社1997年版。（Johanna van Gogh-Bonger，1913，*Memoir of Vincent van Gogh.*）

④ 1880年9月24日凡·高给提奥的信，写于奎斯美斯。Johanna van Gogh（Trans），Robert Harrison（Ed）. *Van Gogh's Letters - Unabridged & Annotated.* Retrieved Nov 15，2015 from *http://www.webexhibits.org/vangogh/letter/8/136.htm.*

用素描或肖像画换取食物。有一回，他想去拜访一位仰慕的法国画家[①]，他长途跋涉一百多公里，跨越比、法边境，到了画家家门口却踌躇不前，没有勇气登门自我介绍，只在附近踱步徘徊，感受画家笔下的乡镇氛围和人物风情后，怅然而返。

崎岖的爱情道路

1880 年 10 月，凡·高在矿区快待满两年之际，弟弟提奥安排他到布鲁塞尔跟随一位画家习画。画家随即介绍他进入皇家美术学院（Académie Royale des Beaux-Arts）学习基础的人体结构、素描、透视法等初级课程。但凡·高并不习惯学院的正规制度与生态，学了半年就辍学，回到父母家里。

1881 年初夏，刚成为寡妇的表姐基·沃斯·施蒂克（Kee Vos Sticker）带着八岁的儿子到凡·高家做客。凡·高一如往常外出写生，但现在有了伴，两人无所不聊，二十八岁的凡·高满心欢喜地抓住长久以来最幸福的夏天，他重新领略到生命的可贵。他小心翼翼地维护这份感情，即便对最亲的弟弟也守口如瓶，毕竟二人是表姐弟的近亲关系，任谁听了都会觉得有违伦常吧！

"一开始我便觉得，除非我毫无保留、全心全意彻底献身于这份爱情，否则便没有什么机会；我的希望还是很渺茫，我的希望是小是大，对我又有什么关系呢？我的意思是，当我恋爱时，我应该考虑这个吗？不，不计较；一个人恋爱，因为他喜欢。所以，我们保持头脑的清醒，不使云雾罩顶，不隐藏我们的感情，也不掩熄火与光；只是简单地说：上帝，我恋爱了！"[②]

某天，他觉得非她莫属了，向她表白。表姐惊恐莫名，坚决回答："不，决不，决不！"之后就立即离开凡·高家，回到阿姆斯特丹。

---

① 凡·高所欲拜访的是十九世纪著名的乡村写实派画家朱尔·布雷顿（Jules Breton，1827—1906），他当时住在法国北部距离比利时很近的库里耶尔（Courrières）。

② 1881 年 11 月凡·高在埃滕（Etten）写给提奥的信。（美）欧文·斯通：《凡·高书简全集》，果云译，艺术家出版社 1997 年版，第 128 页。（Irving Stone Ed，1937，*The Complete Letter of Vincent van Gogh.*）

凡·高觉得犹如被判死刑，却仍不死心，不断写信给表姐，但毫无回音。凡·高不放弃，向弟弟借了钱，追到她阿姆斯特丹的家，她的父亲——凡·高的姨父，荷兰著名的神学家——说她不愿意见他。

倔强的凡·高竟将手放进灯烛的火焰中，说道："看我的手能在火焰中放多久，就让我见她多久吧！"

旁人赶紧将灯火捻熄，慌乱中，姨父咆哮："你再也看不到她了。"[①]悍然的拒绝，让他在"爱情"的炙热烈火中灼伤翻滚；双方家长——尤其是以传播福音为职的父亲和姨父——的横加阻挠，让他感觉被上帝遗弃。即使是圣诞节，他也完全无法勉强自己踏进教堂一步，于是和父亲起了激烈的争执。凡·高负气离家出走，到海牙投靠表姐夫安东·莫夫（Anton Mauve）学画。

一个月后，在孤独的洋流之中，凡·高遇见了一个同样遭到遗弃的女人——西恩（Sien Hoornik，1850—1904）。西恩是一名怀孕在身、流落街头的妓女，她的男人早已不知去向，身边还有个女儿一起住。

凡·高雇她当模特，但没钱付工资，便与她商议接她回家安顿，作为回报。两人相遇，成为彼此的浮木。大他三岁的西恩，虽然才三十二岁，却已饱经风霜，身上有痘疮，没有男人向往的姿色。她经常出入救济所取饮汤食，稍有余裕便抽烟酗酒。二十九岁的凡·高，本应是意气风发的青年，但一路踉跄走来，已状似四十岁的沧桑流浪汉，没有收入，靠弟弟提奥的接济度日，全身的衣服也多是捡弟弟的，穿到破烂无法缝补为止。

凡·高写给提奥的信中说道："我只熟悉一件事，素描；而她只有一个日常工作，摆姿势。她知道贫穷的滋味，我也知道。贫穷有好处也有坏处，尽管如此，我们还是要冒这个险。渔夫晓得海洋的危险和暴风雨的恐怖，但他们从来不因此而待在岸上。"[②]

我认为这段话只是他对这份关系的一种哲学式的雄辩。他和她在一起的目的，可能是急切地想停泊，甚至上岸。过去十年来，他不断在波

---

① 1882年5月凡·高在海牙写给提奥的信。（美）欧文·斯通：《凡·高书简全集》，果云译，艺术家出版社1997年版，第172页。（Irving Stone Ed，1937，*The Complete Letter of Vincent van Gogh.*）

② 1882年5月凡·高在海牙写给提奥的信。（美）欧文·斯通：《凡·高书简全集》，果云译，艺术家出版社1997年版，第176页。（Irving Stone Ed，1937，*The Complete Letter of Vincent van Gogh.*）

涛汹涌的大海中启航，但无法抵抗的不可逆的强大力量，屡屡毫不留情打翻他的船，让他掉入海里溺水呛昏，身体被暗礁刮得伤痕累累。他知道绘画的旅途成败难料，但已决定继续启航，他要的不只是温暖，还渴望被需要的感觉，能够救赎自己的灵魂，给他足够的勇气活下去。他想结婚成家。

凡·高的《悲伤》(*Sorrow*)，虽是以西恩为模特的素描，但有版画刻痕的永恒印记。她苦闷地弯着腰，干瘦的乳房紧挨着因怀孕而微凸的腹部，可以想见未来出生的婴儿也会面临饥饿的窘境。尽管她一贫如洗，草木同感伤悲，但有棱有角的头、穿透着一股苍劲感的腿、如岩石裂纹般的身体褶皱，暗示坚毅的韧性，具备伺机再起的力量。画的底端，写着标题——《悲伤》，以及一行摘自法国史学家朱尔·米什莱①的一段话："一个女人怎么会落到孤单遗弃的境地？"②他画的是西恩，也是自己。

然而，这份关系不仅不被祝福，还遭到所有亲友的反对。

他的表姐夫以及看在旧情面上偶尔为他提供微薄援助的古庇画行，都对此感到不齿而威胁要切断与凡·高的联系。父亲放心不下这个在他眼里仍没长大且受尽折磨的儿子，曾来海牙探望，时而寄些保暖衣物（甚至还寄过女性外套）、烟草、家乡的特产以及家里"突然多出来"③的一笔钱等。父亲怎么打点都觉得不够，但社区牧师的工作没让他有余裕可以长期支付儿子一家的生活费。担任古庇画廊总公司经理的提奥，也专程从巴黎来到海牙，但劝说无功。提奥也为一心想要个家的哥哥感到不舍，便继续弟代父职，成了唯一为凡·高提供固定资助的人，但提奥的底线是不能娶西恩，他怀疑这女人利用哥哥对家庭的憧憬来换取栖身糊口的寄托。

---

① 朱尔·米什莱（Jules Michelet，1798—1874）是法国最伟大的历史学家之一，他的著作包括《法国史》《法国大革命史》等。

② 素描上的文字以法文书写："Comment se fait-il qu'il y ait sur la terre une femme seule，Délaissée?"这段话出自朱尔·米什莱的著作《女人》(*La Femme*)。

③ 凡·高在一封信中写道："我收到一封父亲的信，十分诚挚而快活的一封，里头夹了二十五基尔德。他说他得了一笔不曾指望的钱，想与我分享。"1883年4月凡·高给提奥的信，写于海牙。（美）欧文·斯通：《凡·高书简全集》，果云译，艺术家出版社1997年版，第238页。（Irving Stone Ed，1937，*The Complete Letter of Vincent van Gogh.*）

悲伤

荷 / 英：*Sorrow*

凡・高（Vincent van Gogh）素描

1882，44.5 cm×27 cm

英格兰 / 沃尔索新艺术画廊（The New Art Gallery Walsall，England）

凡·高只好发誓：只有每个月能够自行赚到一百五十法郎（约等于当时巴黎工人半个多月的工资），才会举办婚礼，正式成家。他说：“我同意（我只对你表示同意）目前暂不举行婚礼……我只想拯救西恩和她两个孩子的命，我不要她跌回和她邂逅时的那种恐怖之病弱与悲惨状态，我不要她再有被弃的孤寂感。”①

不久，凡·高染患淋病住院，西恩的身体也不好，暂时搬到她母亲的住处，等待生产。然而凡·高的病还没痊愈，就急着去看她。小男婴出生以后，他不但接母子回家，甚至将西恩的母亲和女儿一并接过来，说是大家可以彼此照应。

成婚的誓言一直难以实现。从提奥那儿寄来的钱，光养个家就捉襟见肘，更没有足够的钱买颜料，而素描又卖不出去，凡·高几度到出版社找插画的工作也没有着落。凡·高对于这个“家”有强烈的归属感，他非常喜爱这个男婴，对女儿很照顾，对西恩也有强烈的责任心。不过，两人之间的交集却仅局限于家务。

不识字的西恩无法与凡·高聊伏尔泰、巴尔扎克、福楼拜、雨果等人的文学作品，也不能理解米勒、德拉克鲁瓦或凡·高终日素描的画作，甚至在身处大自然或目睹城市变迁时，彼此亦无法分享深层细致的感受。凡·高只能把激荡的思绪，通过信件向提奥倾泻。

也许这些令人难受的差异让西恩变得敏感易怒，重染相识之初的酗酒习性。此外，合组的“家庭”不只是夫妻俩和儿女之间的相处。西恩的母亲好搬弄是非，常唠叨批评，引发不必要的口角纠纷。有时提奥的钱寄来得晚了，不但凡·高几天没进食，小孩也没奶喝。看着自己的女儿跟这男人过不了好生活，她联合不务正业的儿子们，怂恿两恩重操旧业，回到街头，离开这个男人。

凡·高渴望已久的“家庭生活”逐渐变味走调，成为沉重的负担；债台高筑下左支右绌、亲友的关切或怒不往来、无法专注于绘画等的生活压力，让他眼看着拼凑搭建的家变成丑陋危险的建筑，随时会崩塌瓦解。终于，在1883年秋冬之际，他向西恩及其儿女道别，离开海牙。

---

① 1882年6月凡·高在海牙写给提奥的信。（美）欧文·斯通：《凡·高书简全集》，果云译，艺术家出版社1997年版，第192—193页。（Irving Stone Ed，1937，*The Complete Letter of Vincent van Gogh*.）

1883 年年底，凡・高搬到父亲的新教区努能（Nuenen），与父母同住。虽然他年满三十，没能成家独立门户，但父母仍很开心儿子回到了他们身边。第二年年初，母亲不慎摔断了腿，凡・高发挥在矿区照护病患的熟练本事，体贴打点家务，全家洋溢着幸福的天伦之乐。

父母家隔壁，住着贝格曼一家人，家产颇丰。同为牧师的男主人已经去世，留下母女六人，女儿们都未出嫁，最小的女儿玛戈已经三十八岁。镇上的人对一天到晚到处画风景画但无正业的凡・高指指点点，玛戈却欣赏这个诚挚而热情的画家，也为他的善良孝心所感动，两人开始往来。无论凡・高走到多偏僻的田野勘察，到多远的地方画画，她都陪着他。

她承认这是她人生的第一场恋爱，而他觉得相见恨晚，若早十年认识她，他的人生必定截然不同。

当凡・高正式向玛戈的母亲提出与玛戈结婚的请求时，母亲没表示什么，但身旁所有的姐姐群起反对，原因不外乎嫌他不务正业，一天到晚画画，但作品卖不出去，无力赚钱养家；不屑他曾与妓女同居的丑闻，简直有辱同为牧师家庭出身的背景。但她们真正极力反对的理由，恐怕是出于嫉妒——年纪最轻的妹妹竟最早出嫁！尽管玛戈都快四十岁了。

玛戈无力挣脱家族的枷锁，却又自觉青春已逝，恨不得能与心爱的人偕老。某天，与凡・高出外作画的途中，她悄悄服毒自杀。她发作倒下的时候，两人在荒远的田野，她是想死在凡・高的怀里吧？！凡・高急忙抱她回家，经过医生急救诊断后，认为除了身体的伤害以外，她的精神也受到了很大的刺激，需要安静疗养一段时间。家人于是送她到北方九十公里之外的大城市乌得勒支（Utrecht）医治。

事情演变至此，玛戈的家人归罪于凡・高，两人的关系更不可能继续。从此，凡・高的爱情画上永久的休止符。终其一生，玛戈是唯一对凡・高付出真爱的女人。

一生寄情于绘画

回首十多年来的颠簸岁月，凡・高一再被隔离排除：商业社会的运作不适合他，教会道貌岸然的体制排斥他，爱人与被爱都遭到当事人或旁人的阻绝，即使是他热爱的绘画，也没有获得肯定。然而，他对绘画还有热情，他知道自己能画。尽管因没有销路而饱受饥贫落魄之苦，任人嘲笑冷落，身心饱受煎熬，但他坚信天无绝人之路。他以热情燃烧丰沛的勇气与毅力，咬牙坚持创作。

在三十岁生日时，他写下感慨：“一个人并不期待从生命中得到一些他早知它无法给予的东西；他始而越发看清生命只不过是播种时期，收获季节不在这儿。也许那就是一个人有时不在乎世俗意见的缘故。”①

在绘画的世界里，凡·高并不全然孤独。他钟爱入画的主题，包括农夫、织工、矿工、乡野等，一切都呈现出最原始、最底层、最淳朴、毫不浮夸、全无虚矫身段的自然生活感，身处于这样的环境中，他感到特别轻松自在。

凡·高将自己定位为“农夫画家”②，这或许和他在矿区的日子有关。当教会解除他的职务后，他仍待在附近，画当地的人，进而觉得与他们心灵相通。他对于画出优雅脱俗的乡间生活情调感到不以为然，认为那是城市人休闲取向的附庸风雅罢了。他写道：“我发现矿工和织布工的族群与其他工人或技匠有所不同，我和他们有出身同族的亲切感，如果有一天，我能够把这种鲜为人知的族类画出来，公之于世，那是件多么幸运的事。”③ 自此，他经常画他们的五官、工作的身躯姿态和生活起居的景象。

《吃土豆的人》描绘矿区、织工部落或农村的劳动者，辛苦了一天以后，回到拥挤破落房舍用餐的情景。屋子既小又矮，大人站起来可能就顶到了头；家里不会处处有壁炉，大家在室内还得穿着厚重的衣服，围坐在一张窄小老旧而不平整的桌子旁，吃着唯一的主食——土豆，配上没有糖和奶的黑咖啡。悬吊的煤气灯，热土豆冒出的暖烟，见证了这一家人指关节凸出变形的手、挣扎求生的五官，以及左顾右盼或若有所

---

① 1883 年 4 月凡·高在海牙写给提奥的信。（美）欧文·斯通：《凡·高书简全集》，果云译，艺术家出版社 1997 年版，第 237 页。（Irving Stone Ed，1937，*The Complete Letter of Vincent van Gogh.*）

② 1885 年 4 月凡·高在努能写给提奥的信。（美）欧文·斯通：《凡·高书简全集》，果云译，艺术家出版社 1997 年版，第 323 页。（Irving Stone Ed，1937，*The Complete Letter of Vincent van Gogh.*）

③ 1880 年 9 月 24 日凡·高在奎斯美斯写给提奥的信。Johanna van Gogh（Trans），Robert Harrison（Ed）. *Van Gogh's Letters - Unabridged & Annotated*. Retrieved Nov 15，2015 from *http://www.webexhibits.org/vangogh/letter/8/136.htm.*

思的神情。

凡·高并非依据现实观察描绘出动物般的长相，他要画出这群在生存边缘挣扎的人，对阶层体制毫无反抗能力的人，他们像牛一样拉着犁耕田，像马一样拉着车，像驴子一样载着货物，他们过着境遇悲惨的生活，但比牲畜好的是可以用土豆喂饱自己。而凡·高呢？他的工作时间很长，经常凌晨四点前就背着画架出门，以便安静地作画而不受调皮小孩的干扰。无论在外还是在父母家后院废弃库房改成的画室里工作，他都尽量吃放得很久的干面包，避免宠坏自己，他刻意让自己习惯最低的物质条件，也许哪天又陷于困境时，才不至于过度失落，能够坚强不觉得苦地走下去。两相对照，凡·高仿佛也属于《吃土豆的人》画中的一分子，他借着绘画，自我救赎，用绘画与他们的心灵沟通。

如此独特的诠释，成为凡·高早期绘画的鲜明特色。

完成《吃土豆的人》之后，他对自己选择绘画的志向更有信心，可以说他终于离开充满巨浪暗礁的启航点，正式往艺术的大海扬帆航行。

吃土豆的人

荷：*De Aardappeleters* / 英：*The Potato Eaters*

凡・高（Vincent van Gogh）油画

1885，82 cm×114 cm

阿姆斯特丹 / 凡・高美术馆（Van Gogh Museum，Amsterdam）

蜕变

凡·高与父母一直都关心彼此，也深爱着对方，但凡·高不太受传统观念束缚，非常固执己见，经常成为争吵的引爆点，很不容易相处。当父亲在1885年3月去世后，为了母亲的健康和家庭气氛，大妹安娜（Anna）建议凡·高搬出去住，他因此愤而离家。

几个月以后，他有了去巴黎发展的想法，但提奥请他第二年6月以后再来，届时会搬到大一点的房子里，两个人住起来比较方便。

未料，他径自从荷兰出发，于1886年3月1日早上抵达巴黎车站，然后用铅笔写了字条，请脚夫专程递给提奥，上面写着："请原谅我没事先告诉你，我已到了巴黎。反复思量之后，我觉得这样比较节省时间。中午以后，就会到卢浮宫，也许会更早一点，请回复我，你何时可以到方形展厅①。别担心费用的问题，我手边还有些钱，花用之前，我会先和你讨论。一切都不会有问题的！"②由此可见凡·高一意孤行的倔强脾气。

---

① 方形展厅完工于1661年。1763年，方形展厅是卢浮宫开放为艺术品展览的第一个展厅。

② Johanna van Gogh（Trans），Robert Harrison（Ed）. *Van Gogh's Letters - Unabridged & Annotated.* Retrieved Nov 15，2015 from *http://www.webexhibits.org/vangogh/letter/17/459.htm.*

除了提奥，最了解凡·高的是小妹薇尔（本名威廉明娜，昵称薇尔），她在一封给友人的信里写道："提奥说，知道文森特名号的人越来越多，但我们对此没有不切实际的幻想，只要他有任何小小的成功，就很令人开心。你不晓得他的日子有多苦，那在他身上留下多少的伤痕。这些挫败沮丧让他饱尝艰辛，让他变成一个怪人。"[①]

凡·高来到巴黎以后，经常得罪人，带给提奥很多麻烦，必须花很多精力处理他惹的祸，两人也经常争吵。提奥对小妹薇尔吐苦水：

> 你的来信带给我莫大的安慰，当日子变调，当我再也无法想象靠自己一个人能够渡过这些难关，觉得无路可走的时候，有人能指引对的方向，是多么令人欣慰。你的信证明我是错的，毕竟眼前的状况无例可循……我常问自己，一直帮他是对的吗？我经常濒临抉择，是不是让他自生自灭算了？
>
> 读过你的信，认真反复思考后，我只能继续支持他，别无选择。他的确是个艺术家，也许他现在的作品未必都美，但是一定会对他未来的伟大创作有益。如果他的工作中断，那真是罪过。无论他多么不切实际，当技艺成熟的那一天，他的画一定卖得出去。
>
> 你无须挂虑钱的事，那不是最困扰我的问题，主要的症结是彼此个性不合。我深深爱过他，曾是他最要好的朋友，但那已成为过去。他的情况越来越糟，不放过任何羞辱我的机会，我只有反击。家里变成难以忍受的地方，没人愿意来家里拜访，因为他们总看到我挨骂。他老是脏兮兮，把家里弄得一团乱，这个家一点都不吸引人。我希望他离开，靠自己生活，他也一直把这件事挂在嘴上。如果我真叫他走，他反而会刻意作对而留下来。我已对他无益，只要求他不要伤害我，我无法承受与他住在一起的压力。

① 1886年8月薇尔给友人莱恩（Line Kruysse）的信，写于努能。Johanna van Gogh（Trans），Robert Harrison（Ed）. *Van Gogh's Letters - Unabridged & Annotated*. Retrieved Nov 15，2015 from *http://www.webexhibits.org/vangogh/letter/17/etc-462a.htm.*

> 他似乎有双重人格：一个才华横溢，善良体贴；另一个自私无情。他们轮流出现，我会听见一个说东，然后另一个说西，他们永远反复争辩不休。
>
> 我下定决心，一如既往地帮助他，但希望他会搬走，我会尽可能妥善安排。[①]

尽管提奥的信里强烈透露出与凡·高保持距离是兄弟关系唯一的出路，然而，一个多月以后，两人又和好如初，彼此赞赏，还说无法想象分离的日子。读着提奥信中委屈的告白，很难想象他在巴黎——欧洲艺术之都——的艺术品交易市场是个活跃的先驱者。

十三年前，当古庇画行外派凡·高到伦敦时，十六岁的提奥就进入布鲁塞尔分公司工作，之后，他曾轮调至伦敦和海牙。在海牙工作期间，他成功地把荷兰绘画推展到欧洲其他市场。

1886 年，凡·高来到巴黎时，提奥已在此地六年，是个卓有成就的国际画廊经理人。虽然公司对艺术品的选择和艺术家的经纪有清楚的政策规定，但他尽可能在其职权内，推展非主流的印象派作品。

提奥运用许多突破性的创新做法，以实际行动支持独立画家：他会直接到印象派联展购画；相较于官方沙龙总是把成百上千的作品罗列在展览厅的做法，他会为前卫画家举行个展，呈现其完整的艺术理念，让画家备受尊重。他策划过个展的画家[②]，包括莫奈、德加，甚至是难以打开销路的毕沙罗。

此外，提奥也对陷入经济困境的高更伸出援手，持续购买其作品以协助其纾困。有这样的弟弟，凡·高很快进入巴黎文艺中心。不过，凡·高经常往来的圈子，是更年轻的一群。

凡·高刚到巴黎时，通过提奥的安排，进入弗尔南·科尔曼（Fernand Corman，1845—1924）的画室习画。

---

① 1887 年 3 月 14 日提奥在巴黎写给薇尔的信。Johanna van Gogh（Trans），Robert Harrison（Ed）. *Van Gogh's Letters - Unabridged & Annotated*. Retrieved Nov 15，2015 from *http://www.webexhibits.org/vangogh/letter/17/etc-fam-1886.htm.*

② *Theo van Gogh : Art-dealer*，*Collector*，*Vincent's Brother.* Archive 1999，Musée d'Orsay.

科尔曼曾师从亚历山大·卡巴内尔（Alexandre Cabanel，1823—1889）[①]。卡巴内尔是路易·拿破仑最喜爱的画家之一，长期担任巴黎沙龙的评审。在1863年的沙龙展，他刷下马奈、塞尚等诸多新兴画家的作品，引起轩然大波，群情激愤，进而催生出著名的“落选者画展”。科尔曼与恩师两人堪称一脉相承的新古典艺术大师，科尔曼深谙学院评审的要求与品味，因此吸引许多年轻画家登门求教。

凡·高来到科尔曼的画室习画时，结识了亨利·德·图卢兹-罗特列克（Henri de Toulouse-Lautrec，1864—1901）、埃米尔·贝尔纳（Émile Henri Bernard，1868—1941）等年轻画家。在老师眼中，这群学生实在不怎么上道，难以跨进巴黎沙龙的大门。通过这两位年纪小十多岁同学的介绍，凡·高又辗转认识了保罗·西涅克（Paul Signac，1863—1935）、乔治·修拉（Georges Seurat，1859—1891）等画坛新秀。

一开始，受到印象派的影响，凡·高的调色盘从古典的阴郁厚重混色中解脱出来，色彩变得鲜明活泼，了解了怎么运用明色的堆叠并列，让画面呈现清新明快的感觉。后来，当他和未来成为“后印象派”要角的年轻画家相处一段时日后，他发现了更多元的艺术思潮，接触了风格各异的绘画技巧，也爱上了他们喜欢的日本浮世绘版画。凡·高像是久旱逢甘霖的农夫，在他的一畦畦画田里，插满各种新的作物。

其中有个极为新颖的理念是以修拉和西涅克为代表的点彩画派。

修拉的《阿尼埃尔的浴场》混合采用几种笔法：用点彩构成人物和天空，以交错的笔触画草地，以紧凑的短线条来完成河面。这种舍弃混色，直接用色点、色条画在画布上，利用颜色排列和互补色在视觉产生的色彩与物象效果，很明显是印象派技法的延伸，不过修拉作品的架构和诉求，却与印象派截然不同。

印象派的色点、色条、色块的笔触面积大得多，也较随性快速，画家创作的目的在于表达个人的感受，抓住瞬间逝去的光阴，因此，人和物的形体线条消失，与自然环境的光彩氛围柔和交织。修拉所发展的点彩画，了解人类眼睛低解析度的特性，他将无数微小的色点，通过精密

① 卡巴内尔的相关背景，请参阅《繁星巨浪：大艺术家的作品和他们的故事（物换星移卷）》第三章的《马奈的维纳斯》。

阿尼埃尔的浴场

法：*Une baignade à Asnières* / 英：*Bathers at Asnières*

乔治·修拉（Georges Seurat）油画

1884，201 cm×300 cm

伦敦 / 国家美术馆（National Gallery，London ）

的色彩深浅类比、互补和反差的安排（好比电视屏幕的光点显像），让观者自行感受画面人物景致的形体轮廓。在这光点形成的世界，他反而要呈现古典的实体存在感，否则一切将过于虚无而失去重量。因此，他费力地用点彩聚合出形体线条和阴影，创造永恒的量体感。

在《阿尼埃尔的浴场》中，我们看到极为平衡稳重的画面架构，人物的姿态呈现雕像般的永恒。

画的场景在巴黎北边的阿尼埃尔，修拉、西涅克、贝尔纳、凡·高等人经常一块儿在附近写生。画的主题是一群平凡的市民，在工厂林立的塞纳河左岸，轻松慵懒倚在岸边戏水的场景。

两年后，修拉推出《阿尼埃尔的浴场》下集——《大碗岛的星期天下午》。

大碗岛位于巴黎西北边，是塞纳河中间的一座岛，也是一个受到右岸中上阶层欢迎的休憩场所。画中盛装出游的人，大多在树下阴影处乘凉，这固然反映资产阶级的娇贵姿态，但似乎也暗示着左岸沐浴在阳光下的人，体态健康丰腴，充满生气，是巴黎的未来；而右岸的人们是冷漠地栖身于阴影处，暗示他们将在时代的巨流中萎缩褪去。

凡·高对于点彩技巧颇为着迷，开始运用在自己的作品上，他于1887年创作的《自画像》是其中的典型。

凡·高用点彩覆盖整个画面，然而其呈现的感觉既非印象派的稍纵即逝，也不是修拉用无数彩色小气泡堆叠出来的浮面视觉。很难说到底是出于极高的天分，或是各种条件的巧合，这幅画糅合了古典、印象和点彩的元素；他的脸部五官在惟妙惟肖的勾勒下，充满求知思辨但未豁然开朗的神情；刷过鼻子和头发的线条，留下时光荏苒的痕迹；衣服交错着暗红与紫罗兰的点彩，相对于背景的橄榄绿、矿蓝与橘色，搭配得细致又活泼。这幅作品象征凡·高绘画成就尚未获得认同的阴郁孤独下，仍燃烧着源源不绝的艺术热情。

西涅克自述他记忆中的凡·高："我会在阿尼埃尔和圣旺[①]碰到他。我们一起在河岸边画画，在街旁的咖啡店吃午餐，然后一块儿走回巴黎市区。衣袖上沾了油彩，一身穿得像水管工人的凡·高，总是紧挨着我

① 圣旺（Saint-Ouen）位于巴黎北方的郊区，隔着塞纳河与阿尼埃尔为邻。

大碗岛的星期天下午
法：*Un dimanche après-midi à l'Île de la Grande Jatte*
英：*A Sunday Afternoon on the Island of La Grande Jatte*
乔治 · 修拉（Geoges Seurat）油画
1884—1886，207.6 cm×308 cm
芝加哥 / 芝加哥艺术学院（Art Institute of Chicago，Chicago）

自画像

荷：Zelfportret / 英：Self Portrait

凡·高（Vincent van Gogh）油画

1887，41 cm×32.5 cm

芝加哥 / 芝加哥艺术学院（Art Institute of Chicago，Chicago）

走，一面挥舞着湿漉漉的三十号油画[①]，一面拉高嗓门，嚷嚷着对作品的看法，总把他自己和身边经过的人弄得一身颜料。”[②]

起先，这些年轻画家和凡·高的结识，多少和画行经纪人身份的提奥有关，但凡·高既不解巴黎文人的讥讽，也不善于察言观色，在高谈阔论的交锋中，常不经意间引发战火或冷战的对峙。一副粗人模样的他，在过去七八年之间，每天花十多个小时作画，就寝前的几个小时，要么阅读陀思妥耶夫斯基[③]、托尔斯泰、龚古尔、左拉、莫泊桑等作家的经典作品，要么就是写长长的信（多数是写给提奥），信的内容除了请求资金援助和抒发爱恨苦痛以外，畅论的范围极广，包括人生哲学、读书心得、艺术潮流、绘画理念和创作历程等；为了强化论点，信中经常引经据典。

他应该没有想过提奥会完整保留他的信件（相反地，提奥寄来的信大多遗失），而刻意书写出具有出版可能的结构文体。纵览其书信，会发现凡·高的思绪如山川江河般滔滔倾流而下，辩证如激流的浪花闪烁着文采光芒。因此，尽管个性古怪，友人多会为他高贵的理想和不灭的热情感动。

当凡·高提议在咖啡馆举办画展时，罗特列克、修拉、西涅克、贝尔纳、高更等人都纷纷响应加入。画展举办了两次，部分画家卖出了生平首幅作品，而凡·高和高更则是彼此交换画作。

十九世纪的巴黎，是所有艺术爱好者必须游历的殿堂，凡·高也尽其所能地汲取一切养分。然而在“印象派”的新罗马大道已具雏形，而“后印象派”的新星也开始打造自己的巷弄时，凡·高在巴黎虚心学习百家争鸣的前卫画风后，作品竟像变色龙般变幻莫测，忽而印象派，忽而点彩，时而变脸为欧式的日本风，时而披上罗特列克的艳丽线条。凡·高不免心生彷徨，怎样才能创造出属于自己风格的绘画？巴黎固然是首善之都，但他身上流着农夫的血液，得回到乡村，从自

---

① 法国三十号油画尺寸为 92 cm×65 cm，约半人高。

② Ann Galbally（2008）. *A Remarkable Friendship: Vincent van Gogh and John Peter Russell*（pp.145—146）. Melbourne University Publishing.

③ 陀思妥耶夫斯基（Fyodor Dostoevsky，1821—1881），俄国小说家，著名的作品有《地下室手记》《罪与罚》《卡拉马佐夫兄弟》等。

然与大地的呼吸吐纳之间，找到与自己灵魂融合的生活感，形塑独特的绘画风格。

或许是受到塞尚和阿道夫·蒙蒂塞利（Adolphe Monticelli，1824—1886）[①]回归法国南部潜心作画的启发，凡·高决定到普罗旺斯寻找自己的基地。

1888年2月，凡·高离开待了两年的巴黎，前往阿尔勒（Arles）[②]。

① 阿道夫·蒙蒂塞利，法国浪漫派画家，以放荡不羁的笔触、狂乱奔放的色彩以及繁复的构图著称，是文森特极为欣赏的画家。蒙蒂塞利四十六岁时，从巴黎回到家乡马赛专注作画，过着一贫如洗的生活。

② 阿尔勒，在马赛西北九十公里处。

南国色彩

大地之子

来到阿尔勒三个月左右，凡·高在给提奥的信上提到：“我深信此地自然所展露出来的色彩，正是我所追求的。未来的画家，将是前所未有的色彩学家。这正是马奈的工作方向，而印象派画家已经获得比马奈更强烈的色彩。我肯定那是我们努力的目标，毫不怀疑，毫不动摇。”①

尽管此地的食物粗糙，酒质低劣，人们的谈吐粗俗，但此地给了他巴黎所欠缺的真实生活感。普罗旺斯让他忆起在荷兰时期的乡间气息，朗格卢瓦桥（Le Pont de Langlois）更让他想起家乡的运河，只是家乡的运河注入大西洋，而南国的运河流入地中海。本质上的不同，是普罗旺斯无所不在的阳光、清朗湛蓝的天空及其光热孕育下的大地色彩。

初到阿尔勒的凡·高，回顾在巴黎作画的日子，有这样的反思：“印

---

① 1888年5月凡·高在阿尔勒写给提奥的信。（美）欧文·斯通:《凡·高书简全集》，果云译，艺术家出版社1997年版，第400页。（Irving Stone Ed，1937，*The Complete Letter of Vincent van Gogh*.）

象派画家时兴的一切颜色都是不安定的，因此我更有理由大胆使用俗丽的色彩，时间会使其色调变得柔和。”[①]

《朗格卢瓦桥》是文森特来到普罗旺斯之后，风格定调的作品。他师法南国的色彩，以互补色铺陈画面，譬如：蓝色系的天空、河水，对比铬黄色的石桥和吊架；橄榄绿草丛对比燃橙和古铜色的土坡。此外，凡·高把桥、吊架、河面波纹、进水的船、河边的洗衣妇等人与物，勾勒上轮廓线条，除了带上日本浮世绘的影子，更增加了律动感，使整幅画呈现简单鲜明的色彩趣味。

文森特对于蓝色和铬黄所呈现的冷暖对比情有独钟，这可能是普罗旺斯天空与大地带给他的灵感。他不混色，直接大胆地并列运用，这在十九世纪以前的画作中不常出现。有论者以为，十七世纪的荷兰画家维米尔是少数的例外。尽管如此，从《倒牛奶的女仆》[②]和《戴珍珠耳环的少女》来看，两位画家对色彩的运用有本质上的不同。

维米尔的蓝是“群青色”（ultramarine），象征圣母的圣洁。《倒牛奶的女仆》的上衣虽然破旧肮脏，但透过窗射进来的阳光，映照在富有量体感的女仆身上，上衣的茉莉黄反射出典雅的金黄质感。至于《戴珍珠耳环的少女》的头巾，就是不折不扣的高贵金色。然而，典雅高贵的气质从来就不是凡·高的取向。

凡·高是衔接地气而生，站在黄土地上仰望蓝天的画家。他用大地的色彩展现绘画风格，采用自然俗丽的互补色画出主题，以日本浮世绘式的线条勾勒轮廓，再以富有动感的点彩或弯曲色条创造生活感，这便形成凡·高作品最为人熟知的作品特色之一。

凡·高也运用同样的方式来处理人物画。《邮差鲁兰》是使用海军蓝和黄色为主色调的典型画作之一，这幅画令人联想起马奈的《吹笛少年》，人物的姿态散发乐音悠扬的律动感。凡·高创作此画时，提到对肖像画的喜爱：“我想换换口味，多画些人物，改善作品的最佳最便捷

---

① 1888年2月凡·高给提奥的信，写于阿尔勒。果云译：《凡·高书简全集》，艺术家出版社1997年版，第323页。（Irving Stone Ed，1937，*The Complete Letter of Vincent van Gogh.*）

② 请参考《繁星巨浪：大艺术家的作品和他们的故事（物换星移卷）》第二章的《荷兰绘画的黄金时代》。

朗格卢瓦桥

法①**：*Le Pont Langlois avec des lavandières***

英：*Langlois Bridge at Arles with Women Washing*

凡·高（Vincent van Gogh）油画

1888，54 cm×65 cm

荷兰／奥特洛／库勒–慕勒博物馆（Kröller-Müller Museum，Otterlo，Netherlands）

① 凡·高自1886年旅居巴黎以后，逐渐开始使用法文书写。从1888年起，他的法文信已占多数，法文显然已经内化为他思考与直觉的语言。1888年8月，在给妹妹薇尔的信件开头就写道："请允许我用法文写，这样会对我容易许多。"由于他信中所提的绘画主题多为法文，而且多取材自当地的人、事、物，所以自阿尔勒时期以后的作品，本书改用法文为他作品的原文名号。

戴珍珠耳环的少女

荷：*meisje met de parel* / 英：*Girl with a Pearl Earring*

维米尔（Johanne Vermeer）油画

1665，44.5 cm×39 cm

海牙 / 莫瑞泰斯皇家美术馆（Mauritshuis，The Hague）

邮差鲁兰

英: *Joseph Roulin*

凡・高（Vincent van Gogh）油画

1888，81.2 cm×65.3 cm

波士顿 / 波士顿美术馆（Museum of Fine Arts，Boston）

的方法莫过于制作人物画了。当我画人物时，往往很有信心……它使我能够培育内心最奥妙的质素。总之，它是绘画中能够撼动我心的东西，最能令我感到永恒。”①

鲁兰是凡·高在阿尔勒少数来往的朋友之一，为人友善热情。凡·高形容他：“蓄有大胡子的脸孔，很像苏格拉底，是个相当有趣的人。我不知道是否把我对他的感觉画了出来，他像老唐基②一样富于革命性，他是一个真正的共和主义者。”③

凡·高不只将最爱的颜色通过衣服、纽扣展现，也把胡子涂上铬黄和麦秆黄，对比暗色的灰。

鲁兰很钦佩凡·高的才华，知道他付不出钱请模特，因此乐意腾出时间让他画肖像，而凡·高也回赠一幅肖像画给鲁兰。后来，鲁兰甚至出动全家人——包括太太和三个孩子（其中最小的是襁褓中的婴儿）——当凡·高的模特，这一系列至少数十幅的肖像画，每一幅都极富感情与生命力，非常精彩。

凡·高对于明亮色彩的喜爱，甚至延伸到了黑夜。他运用一贯喜爱的主色调——蓝与黄，穿插着绿和橙，创作出极负盛名的《夜间露天咖啡座》。

在《夜间露天咖啡座》中，凡·高揭示了一个没有黑色天空的夜晚。他以正对着观者的透视构图，引领我们进到现场。我们不会为画的传统结构感到俗腻，因为凡·高点燃黄色煤气灯的灯晕效果，反射到如巨大光源的凉棚和墙壁上，然后辐射到鹅卵石地面，乃至澄明的巷道空气之中。凡·高的天空和白天一样是蓝的，只是稍暗。闪烁的星星紧贴在巷底的天空，仿佛普罗旺斯的蓝不会因夜晚降临而消失，眷顾不愿休息的人们。

---

① 1888年7月凡·高在阿尔勒写给提奥的信。（美）欧文·斯通：《凡·高书简全集》，果云译，艺术家出版社1997年版，第424页。（Irving Stone Ed，1937，*The Complete Letter of Vincent van Gogh.*）

② 老唐基（Père Tanguy），本名Julien François Tanguy（1825—1894），巴黎的画材颜料商，热衷推展印象派和后印象派的画，店里常悬挂他们的画，也愿意画家以画抵账。

③ 1888年6月凡·高在阿尔勒写给提奥的信。（美）欧文·斯通：《凡·高书简全集》，果云译，艺术家出版社1997年版，第424页。（Irving Stone Ed，1937，*The Complete Letter of Vincent van Gogh.*）

夜间露天咖啡座

法：*Terrasse du café le soir* / 英：*Café Terrace at Night*

凡・高（Vincent van Gogh）油画

1888，80.7 cm×65.3 cm

荷兰奥特洛 / 库勒–穆勒博物馆（Kröller-Müller Museum，Otterlo）

历经了普罗旺斯第一个漫长的夏季，阳光与大地孕育的农作物逐渐成熟，滋生缤纷艳丽的色彩，也丰富了凡·高的调色盘。他以极夸张的弧形透视法，为我们展现美好秋日的葡萄园。

我推测，《红色葡萄园》是对佛兰德斯画家老彼得·勃鲁盖尔（Pieter Bruegel de Oude，1525—1569）的致敬与对话之作。

勃鲁盖尔的《雪中猎人》是文艺复兴时期的杰作。在绘画史上，这可能是最早以如此宏伟的透视法架构来涵盖这般宽广大地的作品。

画中三个猎人吃力地移动他们的脚步，不单是因为雪地行走不易，他们乏善可陈的狩猎成果——只有一只垂挂在猎人的肩上的野兔——恐怕才是令人无力的原因，连随行的猎狗都垂头丧气。就要回到山谷的村庄之际，看见村民在结冰的湖面嬉戏，猎人心中恐怕更是近乡情怯，因为远方冷峭的雪山峻岭逼迫他们要面对一个严肃的课题：漫漫长冬该如何度过？

1878 年底，凡·高被差遣到比利时矿区时，地面上覆盖着白雪，他就说："所见的一切都让人想起农夫画家勃鲁盖尔笔下的中世纪图画。"①

凡·高的《红色葡萄园》采用类似的大场景透视格局，揭示南国美好丰盛的秋收季节。相对于《雪中猎人》冰天雪地的灰白冷冽，《红色葡萄园》仿佛是乡间的嘉年华。在黑色木条架撑起的园地里，满簇果实累累的葡萄串，有红色、紫色和绿色，农妇要么弯着腰采收，要么准备抬起装满葡萄的圆桶，送到马车上。在马车前方，撑伞的绿衣女人好整以暇监视这忙碌的场景。一长列青绿色的树，沿着葡萄园左侧边界，往太阳的方向呈弧状排列，直到地平线远方的红瓦土墙屋舍为止。地平线上的秋阳，已近昏黄，光线不再刺眼，它亲切而清晰的轮廓，温煦地见证富饶的秋收。

《红色葡萄园》是凡·高在世时唯一在画展售出的作品②，交易金

---

① 1878 年 12 月凡·高于华斯美写给提奥的信。（美）欧文·斯通：《凡·高书简全集》，果云译，艺术家出版社 1997 年版，第 91 页。（Irving Stone Ed，1937，*The Complete Letter of Vincent van Gogh.*）

② Walter Feilchenfeldt（2013）. *Vincent van Gogh : The Years in France: Complete Paintings 1886-1890*（p.16）. Philip Wilson Publishers. 笔者按：许多文献（包括 Vasko Kohlmayer 的文章在内）宣称《红色葡萄园》是凡·高生前唯一售出的作品，这并不完全正确。从凡·高的书信中得知，他早期曾私下卖画给古庇画行海牙分公司经理戴士提格先生（Herman Gijsbert Tersteeg），但价格极低，一幅画约十法郎。然而，这属于私下救济的性质，算不上商业销售。

红色葡萄园

法：*La Vigne rouge* / 英：*The Red Vineyard*

凡·高（Vincent van Gogh）油画

1888，75 cm×93 cm

莫斯科 / 普希金博物馆（The Pushkin State Museum of Fine Arts，Moscow）

雪中猎人

荷：*Jagers in de sneeuw* / 英：*Hunters in the Snow*

老彼得·勃鲁盖尔（Pieter Bruegel de Oude）木板油画

1565，117 cm×162 cm

维也纳 / 艺术史博物馆（Kunsthistorisches Museum，Vienna）

额是四百法郎，买主是后印象派画家兼收藏家安娜·布西（Anna Boch，1848—1936）。

南方乌托邦

“我日渐年老，有时候想象力在作祟，使我认为艺术是一块烂木头，再恰当贴切不过。如果你有能力的话，你该令我觉得艺术是活的，你也许比我更热爱艺术。我告诉我自己，有决定作用的不是艺术而是我个人；在艺术领域里尽力而为，是唯一使我重获信心与安宁的方法。虽然我的骨架日益溃散，我的手指却越发柔顺。”①

读到凡·高写给弟弟的信中的这段话时，我们脑际会浮现一个老态龙钟、眼凹额凸的艺术家形象；譬如二十世纪伟大的钢琴家弗拉基米尔·霍洛威茨（Vladimir Horowitz，1903—1989）。

这位基辅出生的犹太裔美籍音乐家，曾在漫长的演奏生涯中数度隐退。最后一次是1983年，八十岁的霍洛威茨可能因为忧郁症及酗酒问题，影响演出水准，黯然退出舞台。一般都认为这是永久退休了。然而，他竟在1985年复出录制专辑，第二年更回到睽违六十年的苏联，举行演奏会。

1986年4月20日，这场独奏会在莫斯科音乐学院大厅举行。在满堂观众的热烈掌声中，霍洛威茨缓步走向舞台中央，接受致意，然后在没有乐谱的钢琴前坐下来，全场屏息以待，一落手，斯卡拉蒂②的优美乐曲从他的指尖流泻而出。此时，看着影片的我和冠盖云集的现场观众，都像立刻通上电流一般，情感全然受到大师十指的牵引。表订曲目结束后，霍洛威茨在掌声停后，弹奏舒曼③《儿时情景》套曲中的《梦幻曲》。乐音一出，仿佛催眠了全场观众，也催眠了他自己。在他近乎闭目的演奏中，听众陷入如稚子的梦境，接受安慰、呵护与拥抱。或许这梦幻之

---

① 1888年7月凡·高在阿尔勒写给提奥的信。（美）欧文·斯通:《凡·高书简全集》，果云译，艺术家出版社1997年版，第423页。（Irving Stone Ed，1937，*The Complete Letter of Vincent van Gogh.*）

② 斯卡拉蒂（Giuseppe Domenico Scarlatti，1685—1757），意大利作曲家。

③ 舒曼（Robert Alexander Schumann，1810—1856），德国作曲家。

音，勾动埋藏心底的青春感怀，伤悲时光的流逝，许多观众在他含蓄而庄严的演绎中，或仰头长叹，或潸然落泪。

另一个关于霍洛威茨的经典影片，是 1987 年的《霍洛威茨演奏莫扎特》(*Horowitz Plays Mozart*)①。当管弦乐团开始齐奏莫扎特《第 23 号钢琴协奏曲》第一乐章的前奏乐段时，他顽心不灭地双手举起，随之飘摇挥舞。进入独奏后，他点触极为细腻优美的乐色；当乐曲进到协奏乐段，与管弦乐团互相交手的快板时，他布满青筋皱纹的手，灵活迅捷地敲击出明亮激昂的音色，令人叹为观止。

是以，如果“我日渐年老……在艺术领域里尽力而为，是唯一使我重获信心与安宁的方法。虽然我的骨架日益溃散，我的手指却越发柔顺”这段话，套在八十四岁的霍洛威茨身上，再恰当贴切不过。但是，令人难以想象的，这却是凡·高刚满三十五岁时的自述。

离开巴黎，来到阿尔勒的凡·高，经常提到寂寞、年老与死亡。

提奥也不好过，他自剖心境：“当他两年前来的时候，我没想到我们两人会如此亲密，现在，我感受到绝对的空虚……他对这个世界的博闻与洞悉的程度，令人难以置信。文森特如果还有几年可活的话，我确信他将成名。透过他，我认识许多尊敬他的画家，他是当代最有新想法的前卫画家之一。”②

在巴黎时，凡·高的身体就常出状况，因此，他没有把凡·高自陈未老先衰的感叹放在心上，只当它是不着边际的抱怨。凡·高虽然才三十五岁，但他受过的苦难非常人所能想象，因而提奥想帮怀才不遇的凡·高找位画家同伴，彼此也好互相鼓励、有个照料，直到有朝一日凡·高得到应有的肯定，便能独立地走下去。而提奥极力怂恿的对象，就是高更。

自从高更辞去证券交易员的优渥工作，专注于绘画的志业后，生活经常陷入困境。凡·高兄弟对高更的才华非常欣赏，凡·高甚至请托提

---

① 《霍洛威茨演奏莫扎特》由卡洛·玛丽亚·朱利尼（Carlo Maria Giulini）指挥 The Orchestra of La Scala 管弦乐团在纽约录制。

② 1888 年 2 月提奥在巴黎写给薇尔的信。Johanna van Gogh (Trans), Robert Harrison (Ed). *Van Gogh's Letters - Unabridged & Annotated.* Retrieved Nov 15, 2015 from *http://www.webexhibits.org/vangogh/letter/18/etc-Theo-1888-s.htm.*

奥收购高更的画，协助他渡过难关。到了阿尔勒以后，凡·高还提议：如果高更能一同来住，提奥每个月只需汇二百五十法郎，除了自己所有的画以外，每个月也会获得高更的一幅画，但高更迟未表态。

凡·高只有自我安慰："寂寞并不令我苦恼，因为我找到了更明灿的太阳，自然对季节的感应如此令我着迷。因此，不必为了我的关系，而急忙催促高更来此，你明了我们不该放弃帮助他的念头，可是我们并不需要他。"[①] 凡·高说不需要他，当然只是客气的扭捏。

到了八月中旬，高更捎来短讯，打算南下与凡·高一起作画。促成高更动念的原因之一，恐怕是凡·高兄弟俩刚从过世的伯父那里分得部分遗产，兄弟因此有余裕来支付高更的旅费。无论如何，凡·高兴奋莫名，开始打理租处。当初租下来的时候，他就说服房东要将房子的外墙漆成奶油黄，称之为"黄屋"，这是普罗旺斯的蔚蓝天空下，南国色彩的美好想象。

他对这个小天地有个乌托邦式的憧憬："我有一个理想，想提供后继者一个能够进行创作的安静场所，也是南方入口处的画室兼避难所。这应该不是太疯狂的想法吧！为什么伟大的德拉克鲁瓦认为有去南方的必要呢？显然因为由阿尔勒往南到非洲的话，可发现各式各样美丽对比的效果，红与绿，蓝与橙，硫黄色与紫丁香色等。凡是真正的色彩家都应该来到这儿，承认这儿有异于北方的色彩。"[②]

顺着这浪漫的想法，凡·高创作了一系列的画，装饰一楼的画室和二楼的两间卧房。《向日葵》主题是这一系列作品的开端。

在巴黎的时候，凡·高就画过相关主题的静物画，分别是躺在桌上的两朵和四朵切短了茎的向日葵。他以其中一幅作为与高更互换的作品，高更相当喜欢。这回，从八月二十日起的一星期内，他以惊人的速度画了四幅插在花瓶的向日葵，从一束三枝、五枝、十二枝到十五枝等

---

① 1888 年 6 月凡·高在阿尔勒写给提奥的信。（美）欧文·斯通：《凡·高书简全集》，果云译，艺术家出版社 1997 年版，第 419 页。（Irving Stone Ed，1937，*The Complete Letter of Vincent van Gogh.*）

② 1888 年 8 月凡·高在阿尔勒写给提奥的信。（美）欧文·斯通：《凡·高书简全集》，果云译，艺术家出版社 1997 年版，第 439 页。（Irving Stone Ed，1937，*The Complete Letter of Vincent van Gogh.*）

向日葵（第三幅）

法：*Tournesols* / 英：*Sunflowers*

凡·高（Vincent van Gogh）油画

1888，92 cm×73 cm

慕尼黑 / 新绘画艺术馆（Neue Pinakothek，Munich）

向日葵（第四幅）

法：*Tournesols* / 英：*Sunflowers*

凡·高（Vincent van Gogh）油画

1888，92 cm×73 cm

伦敦 / 国家美术馆（National Gallery，London）

不同的版本，涵盖向日葵生命的潇洒绽放与枯萎凋零，每一幅的蜕变不只是象征画家与植物的心境对话，更是概念与技法的急速跃进。

完成之后，凡·高决定把第三幅（十二枝）和第四幅（十五枝）挂在较舒适的客房白墙上。他显然很满意这两个版本，分别在花瓶上签上自己的名字。一般画家署名，多会连名带姓，但凡·高觉得一般法国人不知道怎么发“高”（Gogh）的音，所以仅署名凡·高。

这两幅《向日葵》与之前的画有明显的不同，尤其是彻底去除空间透视的第四幅。画里的向日葵，从花瓶里争相向外生长，有的嫩茎弯曲，垂挂初开的鲜花；有的花瓣辐射齐列，完全盛开；有的花瓣落尽，剩下密结成熟的果实，也是种子。

凡·高的向日葵，让人想起塞尚的苹果。塞尚以苍劲而含蓄的手法，画出苹果自身的存在感，也借着苹果试验新的立体绘画空间；凡·高的向日葵——尤其是第四幅，充满自身情感的投射，散发着强烈的生命气息。

第四幅《向日葵》的另一个特色，是背景不用对比的冷色系。凡·高在摆放黄色向日葵的花瓶上，涂上上下两层不同的黄，墙面则是香槟黄，整幅画呈现泛黄的暖色系，一朵朵的向日葵像是地毯的编织效果，更烘托花朵强韧的立体感。而花瓶本身的色系与背景一致，但上下颠倒，凡·高巧妙地以简单的景泰蓝线条分隔瓶身颜色，也分隔了背景。

1889 年 11 月，比利时“二十人团画展”（Les XX）主办单位向凡·高寄出邀请函，邀他参加 1890 年 1 月在布鲁塞尔举办的年度展览，塞尚、希斯莱、高更、罗特列克、修拉等人也在受邀之列。人已在精神疗养院的凡·高，挑选出六幅作品——包括《红色葡萄园》和这两幅《向日葵》，命名为“普罗旺斯印象”。《红色葡萄园》就是在这场画展上售出的。

到了开展前两天，一位比利时画家亨利·德·格鲁（Henry de Groux，1866—1930）向主办单位表明无法和凡·高令人作呕的《向日葵》共同展出，声称凡·高是愚蠢的假货。罗特列克听了怒不可遏，站起来作势要与之决斗，格鲁则咆哮以对。这时，西涅克也站起来帮腔，扬言如果罗特列克死了，他会接着和格鲁对决。在剑拔弩张的情势下，格鲁遭到主办单位除名。[①]

回到黄屋。本来凡·高是打地铺的，确知高更要来以后，他忙着买镜子、椅子、床和生活必需品。他一个人将就着过也罢了，但眼见这南方的艺术驿站即将实现，他不能马马虎虎款待远来的同伴。10 月 23 日，让凡·高等了大半年的高更，终于出现在阿尔勒。

高更非常喜欢《向日葵》。“有一天，高更对我说他看过一幅莫奈的画，插在一个日本式花瓶的向日葵[②]，觉得美极了，但他更喜欢我的《向日葵》！我不同意他说的，但我可不是自卑消极……如果在四十岁以前，我的人物画能够达到高更口中那幅莫奈花卉画的水准，那我就能在画坛取得一席之地。我得坚持下去！”[③]

高更来了以后，两人一起作画、吃饭、喝咖啡、参观美术馆。高更虽然同样穷困，但自视甚高，也获得较多人肯定。他在给朋友的信里提到：“我扮演启蒙的角色，这很容易，因为我自有丰沃的土壤，孕育滋生如大地般的原创性格，文森特不惧怕我，也不固执，这些日子以来，我的文森特进展神速。”[④] 由此可见高更的傲气。

或许，凡·高一开始还可以逆来顺受，然而，同在一个屋檐下难有隐蔽的空间，两人个性与观点的分歧，也无从掩饰地暴露出来。高更渐渐对小镇感到不耐。“阿尔勒的一切令人感到茫然，一副小国寡民的狭隘气息，地形风景也不出色。”[⑤] 高更有了离开阿尔勒的念头，但他担心提奥感到不快。提奥能帮他卖画，甚至他最景仰的德加也通过提奥收购自己的画。

到了圣诞夜前夕，两人紧张的关系引爆了艺史上人尽皆知的“自残事件”。意外发生的原因，众说纷纭。一般认可的版本，是在 12 月 23 日夜晚，两人发生了一场激烈的争执，高更愤而叫嚣要离开阿尔勒，

---

① Marina Ferreti-Bocqullon，Anne Distel，John Leighton，Susan Alyson Stein (2001) . *Signac*, 1863-1935 (p.303) . The Metropolitan Museum of Art. Yale University Press.

② 这幅画现藏于纽约大都会博物馆。

③ 1888 年 11 月凡·高在阿尔勒写给提奥的信。Johanna van Gogh (Trans)，Robert Harrison (Ed) . *Van Gogh's Letters - Unabridged & Annotated*. Retrieved Nov 15，2015 from *http://www.webexhibits.org/vangogh/letter/18/563.htm.*

④ Jp A. Calosse (2011) . *Vincent van Gogh* (p.60) . Parkstone International.

⑤ Victoria Charles (2012) . *Vincent van Gogh* (p.105) . Parkstone International.

凡·高受不了刺激，以致情绪崩溃，自己拿剃刀割掉耳朵，然后用纸把耳朵包起来，拿去给他俩认识的妓女，要她好好保存。这个版本的说法来自当事人高更，也为《凡·高传》的作者欧文·斯通和提奥遗孀约翰娜所采信，但凡·高从未提及此事。

2009年，德国的历史学家重启史实的考证，他们从当时的媒体报道，以及高更与凡·高的信件比对中，发现有关事件的来龙去脉与先前的认知有异。相当启人疑窦的是，凡·高给高更的信里提到："我绝口不提此事，你也一样。"高更给朋友的一封信也提到："他（文森特）是个闭紧双唇的人，我没什么好抱怨的。"[①] 过没多久，离开阿尔勒转往巴黎的高更创作了一只瓶子[②]，瓶子的形状是自己的头，去除了双耳，血流如注。

结合所有的考证资料，他们推论，这个不幸事件可能是两人在精神恍惚的状态下进行的宗教仪式，也可能是在激烈失控的情绪中，高更割了凡·高的耳朵（一说是耳垂）。凡·高为了保护朋友免受牢狱之灾，进而编造自行割耳的事由。

无论真相为何，隔天被人发现时，割了耳朵的凡·高倒在床上，奄奄一息，床单和毛巾沾满了血迹。提奥接到高更的通知，急忙南下处理。

提奥来的当天是圣诞节。凡·高意识不清，嚷着要见高更，但高更认为见面只会更刺激凡·高而不愿意现身。当天晚上，提奥得赶回巴黎，高更也跟着一道离开，高更和凡·高两人从此未再碰过面。

凡·高的状况很糟，完全没有求生的意志。等到他能站起来的时候，他的精神状态极不稳定，会攻击人，做出荒诞的行为，于是被医院关了起来。

这段时间，只要凡·高没被隔离，邮差鲁兰就天天来照顾他，陪他聊天，并常写信给提奥和薇尔，让他们知道最新的情况。负责为凡·高诊疗的是一名二十二岁的实习医生菲力克斯·雷伊（Félix Rey），他对凡·高极为友善体贴。

一个星期过后，凡·高渐渐恢复平静，雷伊医生试着向他解释病

---

① Christel Kucharz（May 5，2009）. The Real Story Behind van Gogh's Severed Ear. *ABC News*.

② 这只瓶子现今收藏于哥本哈根的丹麦艺术与设计博物馆（Kunstindustrimuseet Museum，Copenhagen）。

情，说病症是综合了癫痫、幻觉、妄想、幻听等精神疾病，凡·高也表示理解。当被问及割耳的原因时，凡·高只冷冷地表示是私事，不愿多谈。①

没多久，凡·高奇迹般地康复，鲁兰很开心，带他回黄屋。坏消息是鲁兰将调职到马赛，凡·高没有朋友的陪伴，一切得靠自己。但凡·高尚无照顾自己的能力，就在鲁兰离开以后，提奥和约翰娜回到荷兰订婚，可能因此错过了凡·高需要钱的信，凡·高为此超过一星期没有进食。

在《割耳后的自画像》中，完全看不到凡·高酷爱的铬黄和普鲁士蓝，灰蓝的门取代蔚蓝的天，后面的墙是干涸的苔藓绿，画架上的画涂抹了又重来，他只能寄情于遥远的日本及富士山吧？凡·高或许不免感叹，来到普罗旺斯才一年，乌托邦之梦已经破碎，自己又再一次遭到朋友遗弃，难道这一生就如破唱片跳针般不断重复着的悲歌？

二月初，凡·高的举止又脱序反常，忽而躲在被子里发抖不见人，忽而认为他吃的东西有毒；有时完全不说话，也不进食。这些怪异的行为吓坏了清洁妇，也吓坏了邻居，所有的人都在害他，他们跑去向镇长投诉。

镇长要求凡·高必须选择一个精神病院住下来，他考虑去塞尚的家乡埃克斯，追随前辈的足迹作画。情况未定期间，他和雷伊医生建立起良好的友谊，雷伊为他担任模特，也为他不定期发作的病进行医治。

4月，数十位村民——包括凡·高的房东在内——再度向镇长请愿，说他们无法再忍受这个危险人物，要求把凡·高关起来。于是，警察局长将他监禁在一个小房间内，外面有人看守。

凡·高写道：“我不否认我宁可死去，也不愿招致并蒙受此一灾难。唉！毫无抱怨地承受忧苦，的确是我必须学习的一课。我们最好是嘲弄小小的不幸以及人生的大不幸，像个大丈夫接受命运，挺直腰杆走向目标。艺术家只不过是艘破烂的战舰，重要的是，咽下命运中残酷的现实，

---

① 1888年12月29日菲力克斯·雷伊在阿尔勒写给提奥的信。Johanna van Gogh（Trans），Robert Harrison（Ed）. *Van Gogh's Letters - Unabridged & Annotated.* Retrieved Nov 15，2015 from *http://www.webexhibits.org/vangogh/letter/18/etc-Rey-2-Theo.htm.*

割耳后的自画像

法：*Autoportrait à l'oreille bandée Portrait*

英：*Self-Portrait with Bandaged Ear*

凡·高（Vincent van Gogh）油画

1889，60.5 cm×50 cm

伦敦／科陶德艺术学院（Courtauld Institute of Art，London）

而后兀自安在。”[①]

在犹豫下一步该怎么走的时候，雷伊医生先接他到自己的房子住，鲁兰也从马赛回来看他，带给他最需要的温暖和慰藉。他明白自己反复发生的症状造成了周遭人的困扰，暂时不可能再找个陌生小镇（如埃克斯），天真地认为自己可以再独立站起来。于是他同意了教区牧师的建议，前往阿尔勒附近的圣雷米（Saint-Rémy-de-Provence），在圣保罗疗养院（St. Paul de Mausolee）住下来。

他告诉提奥：“我害怕失去正在恢复的工作力量，为了我及他人的平静，我希望暂时被关起来……身为艺术家，你只是一条链上的一环而已，不管你找到或找不到什么，你到底追求过，你能以此自慰。社会毕竟是社会，我们自然不能指望它来迎合我们个人的需求。所以，我乐意前往圣雷米。”[②]

---

① 1889 年 4 月凡·高在阿尔勒写给提奥的信。（美）欧文·斯通:《凡·高书简全集》，果云译，艺术家出版社 1997 年版，第 466 页。（Irving Stone Ed，1937，*The Complete Letter of Vincent van Gogh.*）

② 1889 年 4 月凡·高在阿尔勒写给提奥的信。（美）欧文·斯通:《凡·高书简全集》，果云译，艺术家出版社 1997 年版，第 473 页。（Irving Stone Ed，1937，*The Complete Letter of Vincent van Gogh.*）

生命之窗

1889年5月，自愿来疗养院报到的凡·高，想必经历了许多既震撼又难堪的生活场景。来到俗称疯人院的地方，代表承认自身状态的标签，也不断从他人恐怖的症状看见失控的自己。

> 我想我来这儿是来对了，由于目睹各类狂人与疯子的生活真相，我逐渐驱除我那模糊的恐惧感。改变环境对我有益……我从别人那儿了解到他们像我一样，病发时听到奇怪的声音，眼中的事物也变形了，这消逝了发作时令我惊异的莫名恐惧感。一旦你晓得那是疾病的一部分，便容易接受了……正如雷伊告诉我的，开始时惯常于一日之间转成癫痫症。震惊使我软弱得连一步也动不了，此时我希望永远不要醒过来，现在这种生之恐怖已经不再那么剧烈，忧郁已经不再那么尖锐了。可是从此到意志和行动，仍有一些路要走。①

① 1889年5月凡·高在圣雷米写给提奥的信。（美）欧文·斯通：《凡·高书简全集》，果云译，艺术家出版社1997年版，第475页。（Irving Stone Ed，1937，*The Complete Letter of Vincent van Gogh*.）

这座位于圣雷米的圣保罗疗养院，原本是一座修道院，位于阿尔勒东北方约三十公里处，至今仍有部分院区作为精神病患的疗养处所。景观方面，除了矮墙内的作物从麦田、玉米田变成熏衣草和杏树之外，院区内外的景观没有什么明显的改变；凡·高的房间、建筑的结构以及乡野的地形，仍维持在十九世纪的样貌。当我们今天踏进凡·高房间的刹那，会毫无抵抗地受到震慑，无法想象一个饱受挫折摧残的精神病患，在行动受限的狭隘空间里，在食物难以下咽的环境中，如何能产生最精致细腻的感人作品。

凡·高在圣雷米待了十一个月，完成约一百五十幅作品。他精神状况良好的时候，可以到楼下的房间画画，甚至走到院子四周取景写生；当他发病时，院方会把他锁在二楼的卧室，以免他攻击别人。在卧室里，他只能画素描，不能画油画，否则他可能受妄想的驱使，吞下松节油、颜料。他的房间有一扇窗，透过铁栅栏，可以看见后院矮墙内的田和外围缓斜坡的地形，一如《圣雷米的风景》中的景色。

《圣雷米的风景》是此一时期最充满温暖阳光，也是与阿尔勒时期最有联结的作品。《圣雷米的风景》涵盖的地形比从卧室窗口看出去的景致宽广，可能是凡·高曾站在更高的地方，将远方隆起的山脉纳进画布。凡·高在荷兰的时候就喜欢画乡野风光，尤其喜欢金黄色的麦田，它象征农夫流汗劳力的报酬，也是上帝和大自然的恩赐。松软如波浪般的麦穗，就像温馨大地的床被，给人丰足的幸福感。

《圣雷米的风景》展现天空的蔚蓝和大地的黄，以艳丽的色彩歌颂大自然之爱。然而，细看这幅画采用的技法和观念，与凡·高过去的作品呈现若干差异。首先，凡·高虽然参考了真实的地貌风景，但对于自然客体的描绘却非主旨所在，表达内心的感受才是作品的目的。乍看之下，似乎和印象派相近，实则不同。印象派虽意在个人主观的感受，但表现的形式是通过鲜明的色彩，抓住稍纵即逝的时光，不描绘形体的轮廓；凡·高则从出发点就有所不同，他不但保留形体的线条，甚至用弯曲如 S 形的笔触取代过去惯用的点和短直线，表达对主题的感受。

我认为，《圣雷米的风景》中，如波浪起伏的金色麦田、因地底板块挤压而不断隆起的山峦、远方疾风推波流动的云，代表受到隔离的凡·高，虽然常只能透过囚禁之地的铁栅窗格来接触自然，但他深信自已能再站起来，于是竭力对抗沮丧忧郁的处境，他燃烧旺盛的创作能量，迸发源源不绝的生命动力，一如自然大地的生生不息。

凡·高运用弯曲线条的想法，是呼应高更和贝尔纳的主张。他们认为除了师法自然以外，凡·高可以多运用抽象的线条来表达内心的感受。

不过，凡·高作品的特色存在不同的特征。高更当时的创作多以黑线分隔色彩，着重平面的主观色彩表达，散发神秘但装饰风格强烈的画面意象；而凡·高的画作则一贯洋溢热情和生命力。在内心世界如岩浆涌流的底层运动下，通过弯曲线条表现自然的生命力，终至冲出地表，爆发为改变地貌的超自然力量。这样的特征，在凡·高的孪生作品——《山前的橄榄树》和《星夜》——中表露无遗。

不过，要表现出这种与阿尔勒时期不同的抽象情绪意念，单单说是高更的诱导（或刺激），恐怕还不够有说服力，毕竟他们彼此作品的风格差异甚为明显。普遍的看法是凡·高发病时的幻觉，为他提供了创作的养分。关于这个论点，我认为并不牵强。在波德莱尔的《人造天堂》里，已经把吸食大麻鸦片所产生的精神感知状态描绘得相当精细，而以凡·高敏感的个性，加上他能冷静面对自己的病态，确实有可能通过自我观察，行之于画布上。除此之外，还有一个可能的影响，是来自日本的浮世绘。

当凡·高在巴黎时，他曾和提奥收购了许多日本浮世绘的版画，其中，葛饰北斋（1760—1849）的作品最受到兄弟俩的喜爱。后来，凡·高搬到阿尔勒的时候，仍对这些版画念念不忘。他对提奥说："请你把葛饰北斋的三百幅富士山以及日本民间生活景象画保存下来……它们将于数年内变得非常稀有，售价也更高昂，可以使你换得莫奈等人的画。日本艺术之珍贵一如原住民艺术，其价值不下于古希腊或古荷兰……"①

在葛饰北斋众多的作品里，有个名为《富岳三十六景》的著名系列

① 1888年6月凡·高在阿尔勒写给提奥的信。（美）欧文·斯通：《凡·高书简全集》，果云译，艺术家出版社1997年版，第420页。（Irving Stone Ed，1937，*The Complete Letter of Vincent van Gogh*.）

圣雷米的风景

法：*Paysage à Saint Rémy*

英：*Landscape at Saint-Rémy*，*Enclosed Field with Peasant*

凡・高（Vincent van Gogh）油画

1889，76.2 cm×95.3 cm

印第安纳波利斯 / 印第安纳波利斯美术馆（Indianapolis Museum of Art，Indianapolis）

山前的橄榄树

法：*Oliviers avec les Alpilles à l'arrière-plan*

英：*Olive Trees in a Mountainous Landscape*

凡・高 (Vincent van Gogh) 油画

1889，72.5 cm×92 cm

纽约／现代艺术博物馆（Museum of Modern Art，New York）

画作，是以关东地区各处景点远眺富士山为主题的画中。其中，最负盛名的就是《神奈川冲浪里》。在这幅画中，可见滔天巨浪之中有三条船载浮载沉，船夫们都惧怕地伏卧船底。刹那间，观者在巨浪相连的波谷之间，看见了富士山。当俯冲的浪像要吞噬了船，浪头的碎波欲坠时，它们却像雪花似的温柔飘落在富士山上。

葛饰北斋绘画的取材极广，涵盖山水风景、民间风情、奇想怪谈、仕女和春宫画，等等。据说，长寿的葛饰北斋酷爱旅游，住所搬过近百次。当《富岳三十六景》问世后，受到极大的好评，于是又追加十景。此外，他还曾画过日本全境的名桥系列画作。

至于只能待在疗养院的凡·高，他的作画主题受制于院内外视线所及的景物，如人物、天空、麦田、橄榄树、丝柏、杏树等主题，他必须在表现技法上力求突破，以摆脱身躯不自由的限制。因此，或许结合了部分高更的技法，自己幻觉的体验，加上葛饰北斋的启发，凡·高发展出以 S 形动态线条来作为表达绘画意念的主调。

葛饰北斋的《神奈川冲浪里》以富士山为眺望的标的，画出滔天巨浪。凡·高的《圣雷米的风景》呢？我的推测是以“天”为中心，画出大自然的狂卷舞动。

造成凡·高精神疾病的原因，或许是长时间的过度工作，加上不正常的饮食（更贴切的说法，是饥饿造成的伤害）、酒精中毒（尤其是劣质的酒）、早期的淋病、不断的受辱挫败以及无止境地遭受现实打击。他自己选择圣雷米的圣保罗疗养院，总要给个说法，对自己有个交代。他绝非自暴自弃，他还努力工作着。有关《山前的橄榄树》和《星夜》的创作想法，我大胆的臆测是，他欲效法耶稣基督为人类背上十字架的德行。

耶稣在耶路撒冷参加节庆后，经常来到橄榄山的客西马尼园（Gethsemane，意思是榨油的地方）。耶稣认为人在节庆的喧嚣与赞美声中，会失去自我，因此，在节庆过后，他会带门徒来到这僻静之地，读经反省，让自己脆弱卑微，进而回到上帝的面前。耶稣知道自己要被钉上十字架的前一晚，仍带门徒来到橄榄山。他晓得背叛的犹大没来，犹大会通风报信，将他逮捕。

他带门徒祷告之后，渐渐支开他们，剩下一人独处。他祷告：“天父，你凡事都能。求你把这苦杯移去；可是，不要照我的意思，只要

神奈川冲浪里

英：*The Great Wave off Kanagawa*

葛饰北斋版画

1832，26 cm×38 cm

照你的旨意。”[①] 意思是：耶稣也是人，害怕钉十字架的恐怖折磨即将来临，所以求上帝把苦杯（即酷刑）移去，由此可见他的挣扎。不过，他又接着说“只要照你的旨意”，表示他自愿卑微，服从牺牲，完成他的任务。

当不成牧师、得不到爱情、无法卖画为生、因朋友离去而崩溃、自愿来到疗养院的凡·高，是否有耶稣明知上橄榄山要准备背十字架的心情？

在凡·高《山前的橄榄树》画中，卷曲的橄榄树攀附在滚动的大地，在有如岩浆流过冷却后的山岩之上，他是否期盼，状似蕴含天启的云，带有天使传递的讯息？

凡·高曾对贝尔纳说过：“我想要提醒一件事，要表现困惑不安的感觉，不一定要把历史上的客西马尼园当成主题画出来。”[②] 这段话似能佐证凡·高的《山前的橄榄树》不只是单纯的自然主题，它极可能连接了《圣经》故事的意涵。

故事还没结束，凡·高画《山前的橄榄树》的同时，也画了《星夜》。

凡·高对于夜空的兴趣和独特的诠释能力，在《夜间露天咖啡座》就已经展现出来，他把黑夜变蓝，赋予星星橙黄的光辉，带给我们温馨愉悦的感受，仿佛在一天的辛劳工作之后，星星仍挂在夜空，伴我们休憩入眠。

人在圣雷米的凡·高，把星空从咖啡馆巷口底的一隅，扩展为画布的主角。凡·高创作《星夜》的手法，一如《山前的橄榄树》，他把起伏滚动的大地，搬到天空；或者，他将葛饰北斋的巨浪，幻化成黑夜的星系气旋。

星夜下的城镇，应是凡·高虚构想象的，至少那座削尖了屋顶的教堂，是荷兰新教式的，而非普罗旺斯常见的罗马式教堂。前景的丝柏（又称地中海柏树或意大利龙柱柏）曾在《圣雷米的风景》中出现过，位于画面

---

① 《圣经：马可福音第十四章》。

② 1889 年 11 月凡·高在圣雷米写给贝尔纳的信。Johanna van Gogh（Trans），Robert Harrison（Ed）. *Van Gogh's Letters - Unabridged & Annotated*. Retrieved Nov 15，2015 from *http://www.webexhibits.org/vangogh/letter/20/B21.htm*.

星夜

法：*La Nuit étoilée* / 英：*The Starry Night*

凡·高油画

1889，73.7 cm×92.1 cm

纽约 / 现代艺术博物馆（Museum of Modern Art，New York）

远方的浮云之下，山丘之上，凡·高曾提到它像极了埃及方尖碑。[1]丝柏常见于普罗旺斯、托斯卡尼和西班牙等地中海地区。丝柏可以长得非常高，最高可达约十层楼的高度，给人高耸入云的感受。事实上，这个地区的墓园，尤其是贵族陵寝的四周，经常种植这种地中海柏木，象征追悼升天的死者。综合这些再也清楚不过的线索，我认为《山前的橄榄树》与《星空》的关联性，不仅仅止于在同一个时间运用相同技法的作品序列而已，它们的主题是因果相连的——凡·高期望被钉上十字架之后，能够蒙主召唤，顺着高耸的丝柏，加入天国的行列。

1890 年 1 月底，当凡·高又陷入发病的循环时，提奥捎来儿子出生的消息，夫妻俩决定为儿子取名为文森特，期望儿子有这个名字所象征的坚持不辍和无畏的勇气。在凡·高逐渐从虚弱狂乱的状态恢复精神后，为了表达他的感激，他着手画了《盛开的杏花》，献给提奥夫妻。

凡·高一反这段时间的扭曲笔触、充满热情澎湃呐喊的力道、对比鲜明的饱满色彩等风格，以纤细的笔法、极有限且低调的色彩，描绘出一树清幽静谧、怡然自得的杏花。他依然采用浮世绘的轮廓描边，但手法非常细致。由下往上观看，树干由粗而细，枝丫也逐渐向外扩展，象征生生不息。可能是为了装饰性效果，创造观者与花对望的感觉，凡·高在画布的最上面，由右边向左横出一根枝丫，让画面产生更立体的视觉空间。

---

① 1889 年 5 月凡·高在圣雷米写给提奥的信。(美)欧文·斯通:《凡·高书简全集》，果云译，艺术家出版社 1997 年版，第 481 页。(Irving Stone Ed，1937，*The Complete Letter of Vincent van Gogh*.)

盛开的杏花

法: *Amandier en fleurs*

英: *Almond Blossoms*

凡・高（Vincent van Gtogh）油画

1890，73.5 cm×92 cm

阿姆斯特丹 / 凡・高美术馆（Van Gogh Museum，Amsterdam）

最后的旅途

本来，凡·高自愿进入疗养院是为了避免给他人造成困扰，也希望在一个妥善看护的环境中，让病情获得控制，终至痊愈。然而事与愿违。此地虽说是疗养院，但伙食低劣，医疗水平不高，说穿了就是个隔离疯人的监狱。

待了一段时间以后，凡·高发病的频率越来越高，他的发作期甚至曾长达两个月，连走到楼下都有困难，更遑论走到户外。这对凡·高的身体伤害很大，忧郁的症状也日趋严重。他勉强在信上写道："要成功，要有持续的盛年荣景，必须要有和我不同的性格和气质，我永远不该做现在做的事，我该要有渴望和追求。但我常为病所苦，陷入昏迷，我顶多只是个第四或第五流的艺术家罢了。"①

然而，在凡·高的病情每况愈下之时，凡·高的作品却开始获得外界肯定。通过提奥的安排，他的画分别在布鲁塞尔的"二十人团画展"（1890年1月18日—2月23日）和巴黎的"独立艺术家协会画展"（Société des Artistes

① 1889年9月凡·高在圣雷米写给提奥的信。Johanna van Gogh（Trans），Robert Harrison（Ed）. *Van Gogh's Letters - Unabridged & Annotated*. Retrieved Nov 15，2015 from *http://www.webexhibits.org/vangogh/letter/20/605.htm.*

Indépendants，1890 年 3 月 20 日—4 月 27 日）展出，有艺评家对他的画给予了正面的评价，甚至要求采访他。更令人振奋的是，已成为名画家的莫奈告诉提奥：“在这次独立画展中，文森特的作品最为出色！”[①] 凡·高对此感到相当不安，觉得自己还不够格。

虽然只卖出一幅《红色葡萄园》，但凡·高忐忑地接受了这一辈子不曾获得的肯定。与此同时，他发病的频率像火山爆发前夕的地震一样，越来越密集。这巨大的反差，让他迫不及待地想回到北方—巴黎附近或家乡荷兰都好，回到有家人的地方，以免心智失常时不明就里地被警察或陌生人关进疯人院；而且，他可以到户外作画，这对身体也会有帮助。他自忖：这一辈子的意义就在绘画这件事情上了，他得换个正常的环境，帮自己争取更多作画的时间。

通过毕沙罗的介绍，巴黎的医生保罗·加谢（Paul Gachet，1828—1909）表达愿意照顾凡·高。

加谢医生在巴黎开业，每星期总有几天回到位在奥维（Auvers-sur-Oise）的家。奥维位于巴黎西北方约三十公里处，凡·高能够待在这个清幽美丽的乡镇让提奥很放心。加谢医生本人爱画画，也是相当著名的收藏家，在巴黎的艺文圈很活跃，和马奈以及一整代印象派画家多有来往。普法战争（1870）结束后，毕沙罗和塞尚经常在巴黎北边的郊区作画，当时加谢医生就曾接待过他们。塞尚的《路边转角》[②]，就是取材自奥维的一景。

提奥原打算排出时间，专程南下接凡·高，以免路上发生无可挽回的意外。但固执的凡·高一如当初从荷兰到巴黎时的莽撞，他打包好行李，前往塔拉斯孔（Tarascon，位于圣雷米和阿尔勒之间）火车站，拍了电报给弟弟，说隔天早上十点会抵达巴黎。提奥收到信息后，焦虑得一夜无眠。幸好，凡·高一路旅途平安。

凡·高先在提奥家住了三天。在那里，他第一次看见自己过去所有的作品——由提奥完整地保存下来。为了迎接哥哥的造访，提奥特地把

① 1890 年 4 月提奥在巴黎写给凡·高的信。Johanna van Gogh（Trans），Robert Harrison（Ed）. *Van Gogh's Letters - Unabridged & Annotated.* Retrieved Nov 15，2015 from *http://www.webexhibits.org/vangogh/letter/20/T32.htm.*

② 请参阅《繁星巨浪：大艺术家的作品和他们的故事（凝结时光卷）》第三章的《宁静的革命》。

画尽可能地挂出来，凡·高为此感动不已。

之后，提奥陪同凡·高去奥维。他们先在附近的旅馆住了几天，后来凡·高觅得一间供餐的民宿，费用低廉。凡·高的精神状况很好，每天作息很有规律，滴酒不沾，话不多，谦恭有礼，是个受欢迎的顾客，镇上没人知道他刚从疗养院出来。

一开始，凡·高就受邀到加谢的家作画。他工作的时候，加谢常跟在旁边，观察他作画的过程，完全是一副崇拜者的模样。凡·高虽然相信两人会处得很好，却对加谢有种荒谬的感受，觉得这位医生非常神经质，经常愁容满面，看起来病症不比自己轻，或许因为医药的专业背景，他才能精准控制自己的病情。

在加谢的央求下，凡·高为他画了肖像。

凡·高一直想创作一个属于新时代形态的肖像画。自从相机广泛流传以后，肖像画的经典形式，恐怕仅至安格尔和德拉克鲁瓦为止。之后，有关人物的绘画并非没有突破，譬如马奈以革命性的概念创作的《奥林匹亚》，以及德加的《聆听帕甘兹弹唱的父亲》；然而前者意在突破新古典的道德与传统美学枷锁，后者则借由特定环境下掌握对象不经意之间的神情，严格来说，这两种绘画都是人物画，而非肖像画。一般印象派的肖像画，旨在抓住瞬间流逝的神情或特定时空的感觉，重点并非人的深层内在性格。至于塞尚，他注重的是远大于个人气质的东西，他追寻的是永恒的量体存在感。

在凡·高所绘第一幅的《加谢医生的肖像》里，桌上靠近加谢右手的地方摆了两本龚古尔兄弟的小说[①]，这两本都是有关悲惨人物的故事，暗喻加谢的文学品位与忧郁气质；左手前面则放了插在玻璃水杯里的洋地黄。在当时，这种植物常用来治疗某些精神疾病或纯粹作为提神之用，代表他的职业，同时也呼应画家和模特本人的状态。这些是传统肖像画所必须具备的象征元素。黄色的书皮、绿色的植物以及略显暗沉如夜晚的蓝色背景，都是他爱用的大地颜色。

---

① 这两本书分别是 *Germinie Lacerteux*（1865）和 *Manette Salomon*（1867）。前者是叙述一个年轻仆人从放荡、自暴自弃的生活，而终至死于救济院的故事；后者是有关四个失意画家的小说。Jeffery K Aronson& Manoj Ramachandran（Eds）（Jul 2006）. The diagnosis of art: melancholy and the Portrait of Dr Gachet，*Journal of the Royal Society of Medicine.*

加谢医生的肖像

法：*Portrait du Dr Gachet avec branche de digitale*

英：*Portrait of Dr. Gachet*

凡·高（Vincent van Gogh）油画

1890，67 cm×56 cm

私人收藏（Private Collection）

那么，凡·高突破肖像画窠臼的方法是什么？我想，圣雷米期间发展出来的新形态风景画——譬如《山前的橄榄树》和《星夜》——给予了他水到渠成的灵感。

凡·高在医生背后放了两条山脉，简直就像是《山前的橄榄树》的效果，不但平衡加谢托腮歪斜的身形，也产生延伸画面的线条视觉；在加谢身体后面以及山上所卷起的像是气旋的短线条，是凡·高过去一年常用的律动形式，充满动感和遐想，观者不免随画家的笔触进入主题，随之反复摆荡。而这介于蓝绿之间的青绿色短线条，应是刻意挑选的颜色。青绿色在医学上有镇定和消除紧张的效果，精神病房常用这个颜色，以降低病患产生狂乱或攻击的可能。凡·高一直觉得加谢的精神状态和自己相去不远，他用自己过去常见的颜色来当肖像画的背景，可能有相互嘲讽的意味。

加谢医生看了这幅画后，欣喜若狂，认为凡·高是个不世出的绘画天才。

六月底，凡·高才来到奥维不到一个半月，提奥传来令人苦恼的消息。其一是画行高层和提奥对事业发展的看法有重大差异，情势迫使提奥必须思考自立门户的可能。

但万事开头难，未来充满了不确定性。凡·高固然鼓励弟弟朝着理想去做，但也担心刚成家的提奥，压力会变得更大。

其二是，提奥的家里发生了一件意外，他的儿子因为喝了不洁的牛奶几乎失去性命。起因是巴黎某地区的牧场环境恶劣，加上牛吃了不洁的食物，导致牛奶受到污染。后来，接连半个月，提奥只好安排奶农把驴子送到家门口，挤温热的鲜奶喝，才救活了小文森特。[①]

凡·高知道了以后，感到十分焦虑，想到巴黎去探望，但又担心自己旧疾复发，对婴儿不好。这些事让凡·高陷入忧郁无助的情绪。

这段时间，他创作了一系列特殊尺寸的风景画，是由两个正方形的画布拼合起来的长方形规格，给人宽广延伸的视野。《麦田群鸦》就是这个规格的代表作品。

---

① 1890 年 7 月提奥在巴黎写给凡·高的信。Johanna van Gogh (Trans), Robert Harrison (Ed) . *Van Gogh's Let-ters - Unabridged & Annotated*. Retrieved Nov 15, 2015 from *http://www.webexhibits.org/vangogh/letter/21/T40.htm*.

麦田群鸦

法：*Champ de blé aux corbeaux* / 英：*Wheatfield with Crows*

凡·高（Vincent van Gogh）油画

1890，50.5 cm×103 cm

阿姆斯特丹 / 凡·高美术馆（Van Gogh Museum，Amsterdam）

凡·高以麦田为主题或背景的作品，大多象征自然生命力，蕴含人与土地的浓密情感，唯《麦田群鸦》散发着前所未见的萧瑟黯淡。

画面中，蓝色的天被灰暗的云气笼罩，低低地压着麦田。一条蜿蜒的通道从麦田中急急剖开而去，不知通往哪里，只有一群令人感到不祥的乌鸦知道它的终点吧！视线尽头的上方，有我们熟悉的淡黄色气旋，但天色过于凝结沉重，不可能看得见星星，难道那只是一团随时散去的云？

《麦田群鸦》画完约两个多星期后，7 月 27 日，凡·高如同往常一样出外写生，但他没有按时回到民宿用晚餐，很让主人担心。约莫九点，凡·高捂着胸口踉跄着走回来，人们才知道在白天的时候，他用左轮手枪朝自己的胸部射了一枪，昏迷了过去。直到傍晚因剧痛醒来，他才自行走回住处。

镇上仅有一个医疗站，但值班医生不在。民宿主人找来加谢医生。他看了以后，表示凡·高伤势严重，恐回天乏术，只用棉花清除伤口，再用纱布包覆止血。①

隔天中午过后，提奥匆匆赶来。当晚，提奥一直在床侧陪他。三十七岁的凡·高对弟弟说："是我离开的时候了。"② 一个半小时后，29 日凌晨，凡·高辞世。

提奥办完丧事后，对母亲说："一个不能找到安慰的人，不能写出自己有多悲痛，这悲痛还只会延伸。只要活着，我就不能忘记；唯一能说的是，他已经找到他渴望的安息……生活对他是个负担，但现在，每个人都赞扬他的才能……喔！母亲，他是我最心爱的哥哥啊！"③

---

① 有关凡·高的死因——包括自杀或他杀——的传闻有诸多版本。民宿主人的女儿 Adeline Ravoux，目睹了凡·高带着枪伤回到旅馆后的经过。1956 年，七十六岁的 Adeline Ravoux，决定自述一篇纪念凡·高的文章说明她的所见所闻，文章里也记述了父亲照顾和急救凡·高的过程。Robert Harrison（Trans），Memoirs of Vincent Van Gogh's stay in Auvers-sur-Oise. Collected in *Van Gogh's Letters - Unabridged & Annotated*. Retrieved Nov 15，2015 from *http://www.webexhibits.org/vangogh/letter/21/etc-Adeline-Ravoux.htm.*

② 1890 年 8 月提奥在巴黎写给母亲的信。林淑琴译序：《追忆文森特·凡·高》，收录于（美）欧文·斯通：《凡·高书简全集》，果云译，艺术家出版社 1997 年版，第 56 页。（Johanna van Gogh-Bonger，*Memoir of Vicent van Gogh.*）

③ 1890 年 8 月提奥在巴黎写给母亲的信。林淑琴译序：《追忆文森特·凡·高》，收录于（美）欧文·斯通：《凡·高书简全集》，果云译，艺术家出版社 1997 年版，第 56 页。（Johanna van Gogh-Bonger，1913，*Memoir of Vicent van Gogh.*）

9月20日，提奥为凡·高举办回顾展。结束以后，提奥也倒了下去。提奥先在巴黎接受治疗，之后转到荷兰乌得勒支的疗养院。1891年1月25日，也就是凡·高过世约半年后，未满三十四岁的提奥追随哥哥离开了人间。

| 第二章 |

追求返璞的野性

高更

Paul Gauguin
7 June 1848—8 May 1903

始于繁华

1880年10月，二十七岁的凡·高进入布鲁塞尔的皇家学院注册，决心投身艺术创作，从绘画的基础课程学起。

回首过往的十年岁月，他先通过伯父的安排，进入欧洲享誉盛名的画行，从储备干部做起。公司系统性规划拓展他的视野，让他在海牙、伦敦和巴黎之间轮调，眼看前程似锦的红地毯逐步展开，却因商业运作的功利逻辑和庸俗价值，不见容于凡·高理想化的性格，产生无法妥协的冲突，最终只能放弃，无缘步上坦途。之后，他尝试投入传播福音的道路，从兰兹吉特辗转到布鲁塞尔，好不容易在荒凉贫瘠的比利时南部矿区觅得一职，却为当地贫民散尽薪饷，教堂成了收容所，自己则落得像难民般的处境，被视为有辱神职人员的规范与形象，而遭教会逐出。一无所有的凡·高，像得了失心疯的游魂。在矿区晃荡的三百多个日子里，他领悟到读书和画画是自己仅有的兴趣，既然无法传福音，也许能在绘画领域辟出一条道路。

与此同时，保罗·高更已在证券商和银行工作数年，累积了可观的财富。高更的社交圈不只是光鲜亮丽的中上阶层，艺文界人士他也多有接触，拥有前瞻的艺术品味，收藏了不少印象派作品。尤有甚者，他的鉴赏力不怎么费力就转移到了创作上。高更优异的绘画和雕塑创作能力，让德加和毕沙罗惊艳不已，进而力邀他参加印象派画家联展。

1880年，高更带着家人——包括太太和三个孩子——住进城南的新公寓。公寓的空间宽敞，能隔出一间个人工作室，让高更得以心无旁骛从事创作。此时，无论事业、家庭，还是绘画才华得到的肯定，凡·高与高更的对比，何止天差地远！

然而，高更后来的生命历程却曲折坎坷，甚至众叛亲离，最后孑然一身地离开人间。无情骤变的局势固然让他跌入困境，但令人难解的性格，更深刻影响了他的人生。要试着梳理高更不按牌理出牌的人生抉择，必须追溯他的家族血缘，才能一窥究竟。

高更的父亲，克洛维斯·高更（Clovis Gauguin），曾担任报社记者，是个热情拥护共和政体者。1850年，眼见第二共和政体摇摇欲坠，路易·拿破仑展露称帝的野心，克洛维斯决定带着一家四口坐船前往秘鲁，投靠舅公。不料在航行途中，克洛维斯因心脏病突发过世。此后，甫满两岁的高更在秘鲁度过了难忘的童年。事实上，除了后天环境的熏陶，母系家族的遗传对高更的一生产生了更顽强的影响力。

高更的外祖母弗洛拉·特里斯坦（Flora Tristan，1803—1844），是法国十九世纪的传奇性人物。至今，以她为名的建筑、广场、道路，散见于法国各地。弗洛拉的父亲唐·马利亚诺（Don Mariano de Tristán y Moscoso）是秘鲁最有权势的莫斯科索家族的成员，这个家族来自西班牙。当时，美洲殖民地贵族——尤其是法裔和西班牙裔——时兴在世界之都巴黎购置房产，让子女在此受高等教育，彼此也在巴黎形成社交圈。高更成年之初，也活跃其中。

唐·马利亚诺在某次回到西班牙军队述职时，认识了弗洛拉的母亲，来自法国的安妮-皮埃尔·莱内（Anne-Pierre Laisnay），两人谱出恋曲，在巴黎有了房子。但双方家长对这门婚事有分歧，安妮-皮埃尔始终没有名分，弗洛拉也成为私生女。四岁时，弗洛拉的父亲骤逝，家庭失去倚靠。母亲上法院争取继承，亦不可得。弗洛拉长大以后，独自远渡重洋赴秘鲁抗争。在一番斡旋之后，虽然没有获得继承权，但与莫斯科索家族建立起了密切的关系。

弗洛拉是个理想派的社会主义者，她仔细研究了法国历史上的革命事件，发现工人虽然扮演着关键角色，促成了政权的移转，但底层劳工生活品质和社会福利依旧没有改善。于是，她提出一个务实的见解，认为必须将各个行业的工会联合起来，建立强大的整合平台，推动深化改革的组织性思考，聚集分散的行动力量，以有效对抗盘根错节的政商集团，让社会正义得以实现。此外，她极力倡导两性平权，撰文阐释女性的崛起是社会进步不可或缺的动能。弗洛拉不但是社会改革的行动者，擅长现实主义风格的写作，同时也拥有极高的艺术品位，是高更一生引以为傲、视为典范的偶像。

然而，弗洛拉的丈夫却充满争议，简直是为了彰显弗洛拉的光明磊落而塑造的反面人物。他的基因，极可能潜伏在高更体内，当幽暗低回的时刻到来时，便伺机而动，让我们看见高更的失序脱轨。

弗洛拉的丈夫、高更的外祖父安德烈·沙扎尔（André Chazal）是一名雕塑家，他的哥哥[①]是一名获颁法国荣誉军团勋章的画家及雕塑家。安德烈个性乖戾，有强烈的父权观念，这对于女性意识觉醒的弗洛拉来说，自是难以承受的传统窠臼，丈夫逐渐成为她必须摆脱的枷锁。婚后第四年，怀着身孕的弗洛拉趁安德烈长期外出躲债之际，带着子女离家出走。过了几年，追债的风头渐息，安德烈开始打听妻小的下落，展开长期的追踪与诉讼。1834 年，安德烈争取到儿子的监护权。在持续缠讼的期间，弗洛拉曾将九岁的女儿阿琳（即高更的母亲）藏在寄宿学校，单枪匹马去秘鲁争取归宗继承权。

当时，法国法律仍偏袒男性，始终不判准弗洛拉的离婚请求。后来，法院也将女儿的监护权判给安德烈，子女都得与父亲同住。不久，十二岁的幼女阿琳写信给母亲，控诉父亲数度强行将彼此的手伸进对方私处，哥哥也出面作证，这才让法院判决女儿阿琳归母亲抚养。当时（1838 年），弗洛拉已是知名的公众人物，她将自己在婚姻生活中所受到的折磨、在秘鲁寻亲归宗的过程以及秘鲁之行所观察的两性议题，写成《贱民流浪记》[②]；书上的“贱民”指的是自己，一个出生就注定受到歧视，永远不能翻身的女性。

---

① 安东尼·沙扎尔（Antoine Chazal，1793—1854）。

② 《贱民流浪记》（法：*Pérégrinations d'une paria* / 英：*The Peregrinations of a Pariah*），1838 年出版。

法院判决后，安德烈不但没有收敛，反而伺机报复，除了印传单指控妻子的不是，还买了手枪，从背后射杀弗洛拉。弗洛拉最终逃过死劫，而安德烈则被判二十年强迫劳役的刑罚。1844 年，弗洛拉去世。[①] 两年后，弗洛拉的女儿阿琳与克洛维斯·高更结婚。克洛维斯与阿琳婚后生下玛丽（Marie）和保罗。

1850 年，成为寡妇的阿琳带着年幼的子女，来到秘鲁利马投靠舅公唐·皮奥（Don Pio de Tristán y Moscoso）[②]——莫斯科索家族的大家长。他们受到热情的接待，更因为阿琳的表亲当选秘鲁共和国总统[③]而住进总统官邸。后来，在表亲总统失势，家族提供的庇荫摇摇欲坠之际，母亲阿琳接到公公（高更的祖父）的来信，表明他将不久于人世，希望他仅有的嫡孙能回去继承部分遗产。阿琳抓住了机会，再度回到法国。

虽然离开秘鲁之时，高更才六岁（1854 年），但他对于童年异国风情的记忆颇深，并自认为身上流有印第安人的血液[④]。我想，这主要是出于对外祖母弗洛拉的崇拜。弗洛拉在高更出生前就已离世，这段南美时期的生活，填补了他与外祖母未曾谋面的遗憾与生命缝隙，强化了他与弗洛拉的正统嫡系关系。事实上，弗洛拉的传奇对高更未来在画坛的发展，多少有些助益。高更经常提到个人的生命与志业始终受到弗洛拉的指引。然而，事后看来，为理想而坚持不懈的精神，恐怕才是两人唯一的连接。

回到法国，高更母子三人住进祖父在奥尔良（Orléans）的家。几个月后，祖父就离开了人世。十一岁时（1859 年），高更进入法国颇负盛名的寄宿学校[⑤]。第二年，阿琳搬到巴黎，在巴黎歌剧院北边附近的市中心区，做起时装定制的生意。1865 年，春天百货（Le Printemps）在邻

---

① 有关弗洛拉一生的故事，可参阅 Susan Grogan（1998）. *Flora Tristán: Life Stories*. Routeledge.

② 有关高更母系家族在秘鲁的背景，可参考 Nancy Mowll Mathews（2001）. *Paul Gauguin: An Erotic Life*. Yale University Press.

③ 何塞·鲁菲诺·埃切尼克·贝纳文特（José Rufino Echenique Benavente），1808—1887。

④ 由于高更的外曾祖父是西班牙裔秘鲁人，弗洛拉有二分之一的秘鲁血统，所以高更有八分之一秘鲁血统。但其母系家族是否和当地印第安人有过通婚，流有印第安人血液，则不可考。

⑤ 这所学校是 Petit Séminaire de la Chapelle-Saint-Mesmin。

近的奥斯曼大道开店营业，造成轰动。阿琳后因健康因素，收起店面，搬到巴黎西边的郊区圣克卢（Saint Cloud），退休静养。

1867年，阿琳去世。当时高更正在远洋运输船上担任管理者，航行于法国与中南美洲之间，后来又接着进入海军服役。1871年，二十三岁的高更结束六年的航海生涯，回到圣克卢，发现家已在普法战争中遭到破坏。幸运的是，母亲生前已委托交好的邻居古斯塔夫·阿罗萨（Gustave Arosa）照顾高更姐弟，因而两人得以顺遂成长。

阿罗萨是西班牙裔犹太人，一个成功致富的金融家。他忠实履行阿琳的托付，将姐弟俩安排到巴黎宅邸旁的公寓住下来；帮高更安排到证券公司上班，更带领他进入高级社交圈；为高更介绍来自丹麦的梅特·加德（Mette Gad，1850—1920），梅特后来成为高更的妻子。阿罗萨的品位极高，不但收藏许多当代大师的画作，包括库尔贝、柯洛[①]、德拉克鲁瓦、米勒等人的作品，更积极赞助刚出道的印象派画家。因为这层关系，高更和毕沙罗开始熟识起来，两人常一起作画。阿罗萨可说是影响高更朝艺术界发展的第一人。

高更在证券投资公司认识了埃米尔·舒芬内克（Émile Schuffenecker，1851—1934），两人对绘画都有兴趣。有段时间，他们利用夜间上绘画课，假日则结伴去卢浮宫临摹或去郊外写生，从此他俩建立起坚固的友谊。

就当时高更所属的中上阶层而言，绘画充其量是业余的雅好，时髦人士展现高贵品位的才艺罢了；但高更的艺术天分令人刮目相看，他竟然只花了四年—还只是利用忙碌工作之余的零碎时间—就将作品送进巴黎沙龙的窄门。这令人嫉妒称羡的才华，很难令人不联想到其外祖父安德烈的遗传。

或许是因为巴黎沙龙的肯定，高更决定腾出更多时间作画。他转换工作到上班时间较为稳定的银行，把家从时髦的香榭丽舍大道附近搬到巴黎南边空间较大的崭新公寓，有了个人的工作室。

那段期间，他不但有更多时间创作，还有余裕在巴黎股市最强

① 柯洛（Jean-Baptiste-Camille Corot，1796—1875），十九世纪著名的风景画家，是法国从新古典主义过渡到印象派主义的重要人物，毕沙罗和贝尔特·摩里索都曾师从其门下。

劲的时期搭上顺风车，凭借他的人脉与胆识，在股票现货与期货市场赚得丰沛的报酬。他也效法一手栽培他的监护人阿罗萨，陆续收购艺术品。

阿罗萨的收藏，主要是他这一代经历新古典主义过渡到印象派时期的绘画，以浪漫派和田园画派的作品居多；而高更则将目光转移到当代新兴画家的作品，如马奈、德加、戎金、毕沙罗、莫奈、希斯莱、塞尚等人的创作。

1880 年，当不成牧师的凡·高，才刚从自暴自弃的游民生活中走出来，抓住仅剩的浮木—对绘画的兴趣，参加基础美术课程，看看是不是能闯出点名堂。而高更的处境呢？就像是人生对照组般的讽刺，他拥有势不可挡的好运，天纵的才气，连自己景仰的德加都邀请他去参加印象派画家联展呢！《女孩梦境》是他此一时期的业余代表作品。

《女孩梦境》的描绘对象，是他唯一的女儿阿琳（Aline，以高更母亲的名字命名）。从女孩裸露的双脚线条、躺卧的白色床褥、褐黑色的护墙板来看，这幅画显然有马奈《奥林匹亚》的影子。然而，他对女孩的睡衣、床褥、护墙板上的壁纸的处理，是运用短刷痕的印象派笔触，显示高更欲抓住阿琳梦境的进行式。

背对着观者的阿琳，踢下被子，露出双腿，她的手却裹在睡衣里。暗示在独眠的夜晚，她不由自主跌进一个鬼魅的梦境，在疾风劲吹的草原上，无助的她看见数只黑鸟朝自己俯冲而来；铁床护栏边的小丑，扮演揭开神秘幻境的序幕角色。女孩的梦才刚开始。

虽然是早期的作品，创作风格和技巧掌握尚未自成一家的格局，但是我们可以从这部作品感觉到，借由捕捉逝去时光来表达个人感受的印象派，无法满足高更对于未知心灵世界的探求（譬如梦境）和对于神秘感的摸索。于是他采取了具有妥协性、兼容并蓄的笔法：女孩的头和脚有具体的线条轮廓，而环境的描绘则采用印象派的短刷笔触。这是高更在后印象派时代的探索与尝试。

在这新旧递嬗的时代，无后顾之忧的高更，应能尽兴挥洒才情，继续快意人生，但一股前所未见的海啸却毫不留情地吞噬了一切看似万里无云的前程。1882 年，一家大型银行无力把股票交割款付给客户，引

女孩梦境

法：*Jeune fille rêvant，etude d'un enfant endormi*

英：*The Little One is Dreaming，Étude*

高更（Paul Gauguin）油画

1881，60 cm×74 cm

丹麦 / 奥德罗普格博物馆（Ordrupgaard Museum，Charlottenlund Denmark）

发连锁的流动性风险，巴黎近四分之一的证券公司濒临倒闭，不仅股票市场暴跌，甚至连官方证券交易所都面临关闭的危机，堪称法国在十九世纪最险恶的金融危机。[①] 高更未能幸免，他在股市的投资几乎化为乌有。在百业萧条的情形下，许多人面临生涯的抉择。他的画伴舒芬内克，选择到学校进修以报考美术教师的资格；而高更则在毕沙罗的鼓励下，决定走上专职画家的道路。

第二年（1883），高更带着怀有身孕的梅特和四个孩子，搬到巴黎西北边一百三十公里处的鲁昂（Rouen）。搬家的考量，主要是鲁昂生活费便宜得多，又有许多北欧人在此定居，来自丹麦的梅特比较容易适应。然而，勉力维持温饱的苦涩，开始啃噬这对夫妻的感情。约在此时，长期照顾他的监护人阿罗萨离开人世，没有退路的高更，性格变得倨傲色厉。在鲁昂住了半年后，梅特带着五个孩子投奔哥本哈根的父母。她找到教法文的工作来贴补家用。梅特还是爱着高更，希望他也一块儿来，认为他的画在丹麦会有市场。

1884 年底，三十六岁的高更移居哥本哈根。可能为了应付梅特兄弟姊妹的异样眼光，高更找到一家法国的防水布制造商，从事销售代理的工作，他的职称是驻斯堪的纳维亚的业务代表，实质上就是个无底薪、纯抽成的销售员。从他与公司往来的信件，我们确知，他在开发新市场所碰到的障碍一样也没少，包括：产品规格与市场接受的不同；高端市场（如军方单位和医院）对材质感到陌生，需要长时间测试；一般市场（如铁路货运、餐厅）嫌价格太贵，不愿骤然尝试……此外，他担任销售工作，却不会说丹麦语；在一个新的市场推广，却只有法语的型录传单，初期甚至没有样品可以提供给客户参考。

人在异乡的高更，念兹在兹的莫过于艺术市场能否接受他的作品，他把希望寄托在哥本哈根艺术学院的个展，期望借此打开知名度和销路。结果，官方背地里抵制，没人敢帮高更的画裱框。他好不容易从业外找到人帮忙，画展却提前结束。

在哥本哈根待了半年以后，高更再也受不了这种怀才不遇、屈就无

① Eugene N. White（2007）. *The Crash of 1882, Contrary Risk, and the bailout of the Paris Bourse*. The National Bureau of Economic Research.

成的生活，也承受不了妻子家人的冷嘲热讽，他决定离开这个伤心地，负气带着二儿子克洛维斯回到巴黎。

高更走得又快又急，不仅身上没钱，连保暖的衣服也没带。他写信给梅特，抱怨丹麦一无是处，只让他带回了风湿病，以致在巴黎入秋的夜里，疼痛难眠。他嚷着要她寄大衣、背心、棉被、床单。

他原以为回到巴黎，姐姐玛丽会帮忙接济、资助六岁儿子上学的费用。但她的心意反复，带侄子住了一段时间后，又送还给高更。为解燃眉之急，高更只好变卖部分早期的收藏，并找了街头贴海报的零工，以填饱肚子。

而梅特这边也要抚养四个孩子，日子并不好过，她威胁要变卖高更放在丹麦家里的收藏品。高更非常慌张，担心她不分青红皂白地乱卖，他写道："我很忧心那两幅塞尚的作品，他的作品量少，极其稀有，将来价值不菲……马奈和卡萨特的作品也不能卖，否则我将来一无所有。"①

分开一段时间后，梅特怀念起以往的时光，哀诉失去丈夫的无助和一个人抚养小孩的寂寞辛酸，冀盼两人早日重逢。高更则讥讽地回应：

> 你别老是那样毫无由来地堕入哀伤。你信里说，你只有一个人过圣诞节，那表示你的家人一点用也没有？这些对我充满敌意，却让你赞不绝口、捧到天上的人，发生了什么事吗？……任何的指责都无济于事，我们没偷走他们什么东西，谁也不欠谁。至于复合的事，我根本不去想，也不认为办得到。如果没钱，我也没能力提供你舒适的生活。②

经过一番折腾，高更的姐姐玛丽伸出援手，终于把侄子送到寄宿学校注册。但孩子入学以后，高更总是拖缴学杂费，不好前去探望儿

---

① 1885 年 11 月高更于巴黎写给梅特的信。Maurice Malingue（Ed），Jenry J. Stenning（Trans）（1949）. *Paul Gauguin: Letters to His Wife and Friends*（p.56）. MFA Publications.

② 1885 年 12 月高更于巴黎写给梅特的信。Maurice Malingue（Ed），Jenry J. Stenning（Trans）（1949）. *Paul Gauguin: Letters to His Wife and Friends*（p.59）. MFA Publications.

子，因而很少跟儿子见面。不过，这却让他更专心于绘画创作。1886 年 6 月，高更卖掉马奈的画，凑足旅费，启程前往布列塔尼的阿凡桥（Pont-Aven）。

在布列塔尼的困顿时期

前奏曲：布列塔尼之一

曾在巴黎沙龙入围，参加过数次印象派画家联展，不但能画还擅长雕刻和陶艺——有这些辉煌经历的高更，很快就成为阿凡桥年轻艺术家景仰求教的对象。他们在高更的作品里，发现一种在印象派作品里所没有的神秘空间与苍劲力量。《静物与拉瓦尔》或许能说明高更初到阿凡桥的高调姿态，以及他在此一时期的创作所受的影响。

二十四岁的画家拉瓦尔（Charles Laval，1862—1894）在布列塔尼遇见高更之后，尊之为师。在画里，拉瓦尔夹着镜片，仔细观察高更捏制的古怪陶艺品。这个状似古印加文明风格的陶器，象征具有秘鲁血统的高更所潜藏的创作天分。

借由画中人物的注视，引领观者进入主题，是德加惯用的手法。而画面上所呈现的多重视角，包括：拉瓦尔的俯视、观者看着陶器的平视角度、桌上水果的色彩以及呈现多角度的光影，则绝对是受塞尚的影响。

当高更还是个业余画家时，他通过毕沙罗认识了塞尚，他们也曾一起到巴黎郊外作画。从那时候起，他从塞尚的作品预见了后印象派的可能发展。但高更还不完全明白其意涵和运用的方法，他写信给毕沙罗，

静物与拉瓦尔

法：*Nature morte au profil de Laval* / 英：*Still Life with Profile of Laval*

高更（Paul Gauguin）油画

1886，46 cm×38 cm

印第安纳波利斯 / 印第安纳波利斯美术馆（Indianapolis Museum of Art，Indianapolis）

寻求解惑。[1] 后来，高更对于塞尚的创作哲学以及训练养成的方式，有了更深刻的了解。

高更曾写道："看看容易让人误解又充满神秘东方气质的塞尚（他看起来就像个黎凡特[2] 的老人），他的技法神秘，产生如梦者才会看见的厚实宁静；他的色彩如东方人物般庄严；他是来自南方的人，终日在山上读着维吉尔[3]，朝天空凝视；因此，他的地平线宽广深邃，他的蓝凝重，他的红颤动。维吉尔寓意深远，可依个人的见识和喜好解读；而塞尚的艺术既充满想象力，又有真实感。总而言之，一看到他的画，我们的直觉是怪！即便是画画的时候，都觉得他是个谜样人物。"[4] 这种"神秘"的层次与厚度，正是高更穷极一生追求的重要创作元素，也反映在他十九世纪八十年代中期以后的创作中。

由于高更的行事高调和侃侃而谈的本事，让一些人认为这种神秘的风格是高更所独创而引领风骚的。听在低调而不善言辞的塞尚耳里，感觉自己的绘画风格遭到剽窃利用，这段知识与经验的传承，变成不堪回首的记忆。塞尚曾痛哭失声地说："那个高更！他把我仅有的一点感知体验给偷了！对，随着他所搭乘的汽船，带到布列塔尼、马提尼克、大溪地。那个高更！"[5]

间奏曲：马提尼克岛

虽然吃住很便宜，一个月包膳宿才六十五法郎（不过巴黎工人一星期的工资），但是没有稳定收入的高更很快又落得身无分文。他凭借过去的人

① 这封信的部分内容，请参阅《繁星巨浪：大艺术家的作品和他们的故事（凝结时光卷）》第三章的《宁静的革命》。

② 黎凡特（Levant），源来自法文，是太阳升起之地的意思。在地理上，黎凡特泛指地中海东部的区域，包括西亚及北非。所以安格尔画的土耳其宫女，德拉克鲁瓦在阿尔及尔的画作，均被视为艺术上"东方主义"的表现。

③ 维吉尔（Virgil，前 70—前 19），古罗马诗人，其作品对后代的但丁和莎士比亚影响很大。对基督教而言，维吉尔的作品预示耶稣的诞生（请参考郑秀瑕《繁星见证道德律》一文，收录于姜台芬所编的《〈圣经〉与西方文学》）。

④ 1885 年 1 月高更于哥本哈根写给舒芬内克的信。Maurice Malingue（Ed），Jenry J. Stenning（Trans）（1949）. *Paul Gauguin: Letters to His Wife and Friends*（p.34）. MFA Publications.

⑤ Michael Doran（Ed），Julie Lawrence Cochran（Trans）.（2011）. *Conversation with Cézanne*（pp.3–6）. University of California Press.

脉，在往来布列塔尼与巴黎之间时，积极接触可能致富的生意机会，冀盼早日脱离赤贫的生活。结果，希望不但一次次落空，甚至受骗上当，让他不得不卖出部分收藏来抵债。

在布列塔尼前后待了十个多月后，高更觉得无法再应付接踵而来的经济压力，也无力再负担儿子克洛维斯的学费。他决定远赴巴拿马放手一搏。

高更想去巴拿马的主要原因，可能是听闻姐夫在当地事业有成，而姐姐也曾说过姐夫想找一个信得过的人，在他出差时能帮忙照顾生意，高更当下就觉得自己是再合适不过的人选。此外，举世瞩目的巨大工程——巴拿马运河，正由刚完成苏伊士运河标案的法国人负责开凿的。因此，纵使现在姐夫不一定有这个缺，但当地应该有不少生意机会。再者，高更听说，在巴拿马东岸的加勒比海上，有个热带的南方岛屿，生活费更便宜，他大可退一步，“过土著的生活”[①]，专心创作。总的来说，进可挣钱，退可作画，好一个划算的旅程。

高更匆匆写信给梅特，要她派人把在巴黎念书的儿子接回哥本哈根。1887 年 4 月底，高更邀拉瓦尔一起出发，前往巴拿马。

在船上，两个穷画家屈就三等舱的恶劣环境，忍受漫长而颠簸的航程。他们抵达巴拿马后，惊然发现高更姐夫的生意不过是个日用杂货店，而且为人吝啬，斤斤计较，叫他们大失所望。但灾难才刚开始。某天，高更在街上闲晃时，朝着一个垃圾坑撒尿，被宪兵逮个正着，宪兵拿起枪，顶着高更的头，命令他游街示众两个小时。

在巴拿马，他们不但毫无所获，身上带的钱也将用罄，为了撑下去，只有去运河工地报到，在热带雨林酷热闷湿的环境里，拿着圆锹工作一个月。之前以为巴拿马处处有黄金的美梦已消失，现在，他一心只想着挖土的日子赶快过去，赚足旅费后，前往两千公里外的马提尼克岛（Martinique）。

《热带植物》的场景是在马提尼克岛的圣皮埃尔（St. Pierre）附近，往北眺望着培雷山（La montagne Pelée）的景致。高更谨记塞尚典范色彩——“凝重蓝”和“颤动红”，精准而自然地施展在画布上。画的表

① 1887 年 4 月高更于巴黎写给梅特的信。Maurice Malingue（Ed），Jenry J. Stenning（Trans）（1949）. *Paul Gauguin: Letters to His Wife and Friends*（p.75）. MFA Publications.

现不在呈现真实存在的自然体积感，而是将这与世隔绝的天地一隅，以富有感情的笔触，带领观者在充满热带生命色彩的红土上，注视庄严深邃的蓝色山脉，传递宁静自得的感受。

然而，高更与拉瓦尔在马提尼克的土著生活梦很快就幻灭。他们分别都感染上了严重的疟疾，并发腹泻和高烧。两人待在顶着草棚、铺着海草的恶劣居住环境中（确实是土著的生活），无法得到适当的医疗照顾，久病不愈，身形骨瘦如柴，连讲话的余力都没有，几乎到了生不如死的地步。后来，高更用尽仅有的气力，写信向法国政府求救，才终于将自己送回巴黎，结束为期半年的中美洲之旅。

插曲：培雷山火山爆发

高更离开马提尼克后的第十五年，1902 年 4 月下旬，《热带植物》画里的培雷山，从地表喷气孔窜出硫黄气，当时人们不以为意，觉得只是周期性的地底活动。5 月初，火山口喷出大量的碎屑石和火山灰，因为爆发的冲击力很大，这些物质相互激烈碰撞，加上火山底部吸进海水，混杂其中，造成火山口上方不断出现巨雷闪电。几天以后，火山灰往北飘移，岛上北边的居民便往南迁移到第一大城圣皮埃尔避难，也就是《热带植物》所在的位置。5 月 8 日耶稣升天节当天，培雷山突然爆出巨大的蘑菇云，它所夹带的大量火山碎屑流、气体和火山尘，席卷整个圣皮埃尔。在整个过程发生不到六十秒的时间内，超过三万个生命瞬间消逝，全城化为火海，是二十世纪死伤最为惨重的火山爆发事件[①]。至今，圣皮埃尔未能恢复当初的荣景。

主题曲：布列塔尼之二

高更回到巴黎后，先去投靠舒芬内克。休养期间，梅特希望他到哥本哈根探望家人。高更冷峻回复："一、单单去哥本哈根的旅费，就

① Vic. Camp. *Mt. Pelée eruption - How Volcano Works*. Department of Geological Sciences，San Diego State University.

热带植物

法：*Végétation tropicale，Martinique*

英：*Martinique Landscape*

高更（Paul Gauguin）油画

1887，116 cm×89 cm

爱丁堡 / 苏格兰国家美术馆（National Gallery of Scotland，Edinburgh）

足以让我在布列塔尼待上三个月。二、我的工作不容许有孩子们打扰，而且，我没有中产阶级格调的夏季服装，那将会非常难堪！三、我们之间根本没有办法达成最低限度的共识，见了面只会有无限的沉闷或重复的争吵。你的家人会怎么说？想想看，说不定我们事后又生出一个孩子！四、最后的理由，自从分手以后，为了保存精力，我已逐渐压抑我的情感，我这方面的本能已经沉睡，若因为见到孩子而唤醒，我恐怕无法应付再次分离的危险。你要记得，我的体内有双重人格：印第安人和感性的人。感性的我已经消失，印第安人取而代之，勇往直前。”①

信寄出以后，他启程前往布列塔尼。这一回，他决定效法塞尚，要好好住上几个月，让自己充分融入自然环境，了解当地的风土人情，为作品奠定坚实的基础。

布列塔尼位于法国西北端，原先为高卢人②后裔活动的区域。公元五世纪起，盎格鲁-撒克逊人③入侵不列颠群岛的英格兰地区后，造成原住民凯尔特人④的大迁徙；一部分移居到威尔士和苏格兰，一部分跨过英吉利海峡，移往布列塔尼和西班牙的加利西亚⑤地区。直到今天，这些地区因为语言、文化和艺术有共通之处，而被称为凯尔特地区（The Celtic Nations）⑥。布列塔尼的字源（法：Bretagne / 英：Brittany），意指不列颠人的土地，也有人以“小不列颠”来称呼布列塔尼，呼应它与大不列颠（Great Britian）的同源关系。

十六世纪以后，布列塔尼地区就已是法兰西的一部分。然而，此地却有异于法国的特色文化。布列塔尼地形陡峭起伏，地理景观粗粝原始，

---

① 1888年2月高更于巴黎写给梅特的信。Maurice Malingue (Ed), Jenry J. Stenning (Trans) (1949). *Paul Gauguin: Letters to His Wife and Friends* (p.94). MFA Publications.

② 高卢人，指古罗马时代，对于居住在今天的法国、比利时南部、荷兰、瑞士北部和意大利北部地区的凯尔特人的称呼。

③ 盎格鲁-撒克逊人（Anglo-Saxon）泛指公元五世纪（西罗马帝国末期）起，来自丹麦和德国地区的日耳曼民族，入侵并定居在今天英格兰地区。

④ 有关史前时代的凯尔特人的定义相当松散，一般指居住在日耳曼地区西部，法国东部，莱茵河和多瑙河上游地区的部落民族。到了公元500年左右，他们扩散移居到大不列颠群岛（含爱尔兰在内）、伊比利亚半岛、法国和意大利北部地区。

⑤ 加利西亚（Galicia），位于西班牙西北部，南与葡萄牙接壤。

⑥ 凯尔特地区主要是指苏格兰、威尔士、康瓦尔、马恩岛及布列塔尼半岛。广义的说法也涵盖加利西亚。

展现大自然野性的支配力量；它特有的凯尔特文化不仅表现在中古世纪遗迹，还融入宗教仪式、节庆风俗以及别具风格的传统服饰。对于历经战争纷扰及工业革命巨变的欧洲人来说，布列塔尼俨然是他们心目中未受摧残的伊甸园。十九世纪时，艺术家发现当地人乐于担任模特，而且生活费用低廉，因此吸引了欧美各地的艺术工作者前去驻地创作，形成许多的艺术村落。

布列塔尼最为外显的特色之一，是当地女子的蕾丝头饰。这个装扮和穆斯林女子披戴头巾的由来颇为接近，是遮掩头发的一种礼仪。布列塔尼女性的头饰在佩戴的样式上，会依未成年、成年、已婚的身份有所区别；此外，因应工作和宗教聚会的需求，也衍生出平日和假日的样式。长久以来，因为村庄部落间各自强烈的归属感，而发展出造型、风格各异的蕾丝头饰。其中，最赏心悦目的非阿凡桥莫属，很多艺术家也因此慕名前来。

高更重回阿凡桥，依然受到驻地艺术家的欢迎。当《布道后的幻象》完成后，受到艺术圈的高度瞩目，高更的光环不仅仅是富有理想性的前卫画家，也是新艺术路线的领航人，他所建构的绘画理论吸引了众多的追随者。今天，《布道后的幻象》已成为世人对布列塔尼最为熟悉的浪漫图腾。

高更创作此画的灵感，来自布列塔尼当时流行的摔跤活动并结合了《圣经》故事。这幅画描绘一群女子在听过布道后，看见雅各与天使格斗的幻象。

这个故事来自《圣经·创世记》。雅各是个凭借个人意志和血气，为自己挣得成就、开创未来的人。有一天，神派出使者与他搏斗，一番较劲之后，雅各赢得这场角力。就在雅各以为制伏了对方，胜负已定之时，使者只用手摸了雅各的腿，他的腿就瘸了。雅各领悟到，神的力量凌驾于他之上，随即挽着他，请求祝福。他知道对方不只是个天使，更代表神，有王者的力量。神借之更改雅各的名字为“以色列”，表示神使雅各认识自己，并靠主胜过自己的软弱。

《布道后的幻象》的确是一种新形态的绘画表现，而非标新立异的短暂泡沫。它之所以能够在后印象派建立新的桥头堡，形成一门宗派的代表作，主要是综合了许多美学形态的实验。首先，在《布道后的幻象》

一画中，高更以对角线分隔画面，借由环状的透视法，透过众人的目光投射及横出的枝叶，将虔诚的妇女和幻影的格斗场域清楚界定开来。整幅画没有特定的光源。高更舍弃光影的对比来产生刻意的聚焦，因此，作品呈现的是整体画面的观照，无须因为主角、配角、环境的层次安排，过度凸显“主题故事”的意义铺陈，而牺牲总和平面艺术的关照，也就是说，观者不会偏看聚焦某个部分，对整体的表面形式和诉求的内涵，也会有更完整的欣赏与思考。

其次，高更借用浮世绘的形体描边技巧，创造有别于真实世界的神秘线条感，打造新的画面语汇；当许多形体的黑色线条并列堆陈时，如蕾丝头饰、脸型、上衣图案、白色衬裙等，会呈现出奇特的装饰性效果，一种弥漫神秘感的图腾。

再者，因为采用边线而圈围起来的装饰性图案或图腾，让画家得以摆脱无止境的渐层混色，色彩的运用也因此变得自由。譬如，高更将草皮涂成对比鲜明的红色，挑战我们的认知，反倒让我们思考色彩投射的意涵，也诱使观者进入《圣经》故事的神话场域。这种大面积、非自然背景色的色彩平涂，升高颜色在绘画美学上的分量，引起我们对于色彩意义的省思与重视。

总体来说，高更《布道后的幻象》是他个人沉浸在主题想象后所展现的主观概念。高更摒弃客观事物的描绘，背离真实世界的再现，他专注画的平面表现，运用扭曲的轮廓线条和平涂色彩，产生简约的装饰效果，创造出与主题连接的图腾或符号，综合呈现出具有神秘感的主题。这种绘画的概念，高更称之为“综合主义”（法：Synthétisme / 英：Sythetism）。

高更完成《布道后的幻象》后，原来要献给当地教堂，但是教会神职人员觉得它“宗教性不足，又不怎么有趣”[①]而拒绝。其实，高更对这幅作品也不怎么有信心，但是有人却奉之为杰作。后来，高更和他的追随者利用此次教堂事件作为第二年（1889年）“印象派暨综合派画家联展”（Peintures du Groupe Impressioniste et Synthétiste）[②]宣传的话题。虽然画

① Ann Morrison（March 2011）. Gauguin’s Bid For Glory. *Smithsonian Magazine*.

② 有关于“印象派暨综合派画家联展”的由来和举办过程，在下一节会有更详细的说明。

布道后的幻象（又名：雅各与天使的格斗）

法：*Vision du Sermon - Combat de Jacob avec l'ange*

英：*Vision after the Sermon - Jacob Wrestling with the Angel*

高更（Paul Gauguin）油画

1888，72 cm×91 cm

爱丁堡／苏格兰国家美术馆（National Gallery of Scotland，Edinburgh）

展没有获得商业上的成功，但圈内人对“综合主义”的认知与肯定与日俱增，大家一致推崇高更为“综合主义”的掌门人。

然而，这却引起了高更晚辈好友——贝尔纳的激烈反弹。

1886年年初，二十六岁的贝尔纳，在科尔曼[①]画室习画。两三个月后，从布鲁塞尔来到巴黎的凡·高，也在弟弟提奥的安排下，进入科尔曼画室。

某天，科尔曼看到贝尔纳在一幅裸女画上涂上翡翠绿和朱红色的线条时，觉得他肆意嘲弄老师的指导，愤而把他轰出去。回到家，贝尔纳的父亲知道后，气得烧了他的画具。父亲命令他别再画画，要他进入家族事业，学做生意。他不依，企图逃家未成。父母见贝尔纳心意如此坚定，最后只好支持。

4月，贝尔纳徒步近六百公里，一路前往布列塔尼。夏天时，贝尔纳在布列塔尼见到了三十八岁的高更，并拿出共同友人舒芬内克为他写的介绍信，不过两人并未有进一步的来往。

1888年，当高更再次来到布列塔尼时，贝尔纳也在此地。这回，他们热络了起来。一方面是他们都已和凡·高兄弟熟识，有共同的话题；另一方面，贝尔纳的母亲和妹妹玛德琳也来到这里，高更非常喜欢玛德琳。不过，当贝尔纳母亲知悉以后，便禁止女儿和高更交往。后来，玛德琳和拉瓦尔相恋，高更为此黯然神伤。

这一年，天赋极高的贝尔纳创作出一幅风格新颖的《草地上的布列塔尼女人》。

《草地上的布列塔尼女人》的核心概念是“简化”。贝尔纳把整幅画的背景涂上柠檬绿；人物的五官简约成符号；所有人物的形体轮廓，描上清晰可见的线条，形成饶富趣味的装饰性图案。贝尔纳之所以有此耳目一新的笔法，除了受布列塔尼特有风情感染及日本浮世绘的启发以外，先前在科尔曼画室的同学安克坦（Louis Anquetin），可能也带给他若干影响。这种画风，后人称之为分隔主义，意思是在简化轮廓的构图上，各个线条分隔围起的平面里，平涂单一色调的颜色。因为这

① 有关科尔曼的背景，请参阅本书第一章的《蜕变》。

草地上的布列塔尼女人

法：*Le Pardon de Pont-Aven Breton* / 英：*Breton Women in the Meadow*

贝尔纳（Émile Bernard）油画

1888，74 cm×93 cm

洛桑 / 山谬·乔赛佛维兹收藏（Samuel Josefowitz Collection，Lausanne）

种风格与掐丝珐琅彩制作[1]的概念有若干吻合，故又称之为掐丝珐琅彩（Cloisonnisme）主义。

高更很喜欢这幅画，遂提议以交换的方式，取得这幅作品。

一直以老师姿态指导贝尔纳作画的高更，很快地在这种画风的基础上，加入神秘与宗教元素，而独占“综合主义”创立者的光环，却从不承认年轻同伴的贡献，令贝尔纳非常沮丧。

问题是，《草地上的布列塔尼女人》和《布道后的幻象》约莫是同一时期的创作，贝尔纳真的早于高更提出分隔主义的概念吗？关于这一点，我们或许可从另一组作品一窥端倪。

在上述两幅作品完成以后不久，高更准备要离开布列塔尼，前往阿尔勒。出发前，凡·高提出三人互赠肖像画的建议。于是，在高更和贝尔纳分别完成自画像后，高更一并携带贝尔纳的肖像画及《草地上的布列塔尼女人》到普罗旺斯。

在这幅《高更自画像》中，高更挥洒出如《恶之花》般，兀自绽放狂妄的自我，让画面涌现怪诞诡谲的气氛。在画面右下角，他签上了“Les Misérables / Jean Valjean / P Gauguin”，意即“悲惨世界 / 冉·阿让 / 保罗·高更”。

冉·阿让是雨果小说《悲惨世界》的主角。他因为偷窃面包的小罪，被判五年徒刑。接着，他多次逃狱，最终在监牢服了十九年的漫长刑期。冉·阿让在社会的歧视、警探的监视追逐等不公平的世界中，经常打抱不平，扶贫济弱，伸张正义。最后他在主教的协助下，开了工厂，担任市长。高更借由这幅画，将自己比作冉·阿让，表明自己的绘画成就尚未得到应有的重视，以致流落到三餐不继的地步，但他终将有功成名就的一天。

就画的结构来看，高更的半身像趋近古典的表现。尽管有着清楚的轮廓线条，但头部与五官相当立体，明暗阴影对比也很明显；面部表情和头发的处理亦相当精细，整幅画看起来是融合了传统与创新的结果。

---

① 珐琅在明清时期有各种不同的名称，依制作技法分为掐丝、内填（錾胎）与画珐琅三类。掐丝珐琅为三种技法中最早发明的。制法是先将铜丝盘出花纹，黏固在胎上，而后填施各色珐琅釉料在花纹框格内外，入窑烘烧，如此重复数次，待器表覆盖的釉层至适当厚度，再经打磨、镀金等手续始成。

高更自画像（以贝尔纳肖像为背景）

法：*Autoportrait avec portrait de Bernard*（Les Misérables）

英：*Self-portrait with Portrait of Émile Bernard*（ Les Misérables）

高更（Danl Gauguin）油画

1888，45 cm×55 cm

阿姆斯特丹／凡·高美术馆（Van Gogh Museum，Amsterdam）

看来，高更当时尚未确立运用“分隔主义”的手法作画。

反观《贝尔纳自画像》，姑且不论创作的技巧层次和构图上色的细致程度，这幅画显然在分隔主义上的表现“纯粹”得多。当凡·高看到已成为高更收藏品的《草地上的布列塔尼女人》时，大感惊喜，觉得极具原创性，不仅写信向贝尔纳致意，还立即依此临摹一张水彩画，寄给提奥。

贝尔纳的这两幅画，也对凡·高《山前的橄榄树》《星夜》以及之后一系列作品的风格产生相当的影响。由凡·高的反应可以判断，“分隔主义”应是由贝尔纳所创。而高更则在“分隔主义”的基础上，加入宗教、哲学和神秘的意涵，发展成“综合主义”。

高更在阿尔勒只待了九个星期（却是高更给世人印象最深的时期），就因为凡·高濒临精神崩溃而离开。他先回到巴黎，再度投靠舒芬内克，之后又回到布列塔尼。从此，他绘画的取向，已渐明显地呈现综合主义的神秘色彩。《在浪中》（又称《水神》）、《黄色基督》是其中的代表作品。

虽然这种结合日本浮世绘的简单线条、区隔的对比色、具装饰性风格的分隔主义，极可能非高更所创，但高更凭借天才般的领悟力和创意，将其延伸运用到更深层的领域。他充分掌握了分隔主义的形式，将绘画的对象简化、线条化，把它们变成一个个符号；在他所选择的宗教、哲学、社会等综合主题或故事里，通过非现实的构图场景和色彩诠释，创造出新的概念，形成一种超越现实的特殊艺术语言。

简而言之，高更这一时期的画，都像是埋着天启的密码，在心灵的地图上，指引至不可言说的世界。因此，当时有论者将高更的创作比拟为艺术的象征主义，等同于将他推到波德莱尔在象征主义文学的先知地位。

贝尔纳自画像（以高更肖像为背景）

法：*Autoportrait avec le portrait de Paul Gauguin*

英：*Self Portrait with Portrait of Gauguin*

贝尔纳（Émile Bernard）油画

1888，46 cm×56 cm

阿姆斯特丹／凡·高美术馆（Van Gogh Museum，Amsterdam）

布列塔尼女人与小孩

法: *Femmes bretonnes et enfants* / 英: *Breton Women and Children*

凡・高（Vincent van Gogh）临摹贝尔纳《草地上的布列塔尼女人》水彩画

1888，47.5 cm×62 cm

米兰 / 米兰现代美术馆（Galleria d'Arte Moderna di Milano，Milano）

在浪中（又名：水神）

法：*Dans les vagues，ou Ondine* / 英：*In the Waves or Ondine in the Waves*

高更（Paul Gauguin）油画

1889，92.5 cm×72.4 cm

俄亥俄州 / 克利夫兰美术馆（The Cleveland Museum of Art，Ohio）

黄色基督

法: *Le Christ jaune* / 英: *The Yellow Christ*

高更（Paul Gauguin）油画

1889，92 cm×73 cm

纽约州 / 布法罗 / 阿布莱特-诺克斯美术馆（Albright-Knox Art Gallery，Buffalo，New York）

原始的呼唤

当高更从马提尼克回来，待在巴黎的这段时间（1887 年 11 月—1888 年 3 月），整座城市洋溢着筹备 1889 年世界博览会的热烈气氛，这将是巴黎第四次宣扬国威的盛会。1889 年，法国大革命将满一百周年；同年，世界最高建筑的埃菲尔铁塔亦将落成，意气昂扬地为博览会展开序幕。

世界博览会除了展出农工产品，也设有绘画雕刻专区，展出百年来具有代表性的作品。安格尔、德拉克鲁瓦、卡内巴尔等人的画作，本来就是展览的重点；而经过二十多年但仍具争议的《奥林匹亚》，也在展出之列，算是追认马奈的艺术地位。

高更一直苦思如何利用这个预计超过三千万人次的盛会来推销作品。在过去，一直进不到体制内的库尔贝和马奈，都曾在博览会场附近自费举办展览（1855 年和 1867 年），但是高更没有钱，只有唆使不断接济他的舒芬内克想想办法。

就在离开阿尔勒前夕（1888 年 12 月），高更终于收到舒芬内克传来的好消息。他打听到，展览区内有家艺术咖啡馆定做的大片玻璃墙没有送来，老板沃尔皮尼（Volpini）急着寻找替代方案。舒芬内克知道消息后，乘机提议整面墙由一群艺术家朋友的作品取代，老板欣然答应。这个咖啡馆的位置相当理想，新闻媒体区和意大利艺术品展区都在附近。

高更接到信以后，立刻草拟参展者名单和作品配额，[①]将画展命名为“印象派暨综合派画家联展”。虽然名称上有印象派，但那只是一个便于行销的时髦名词，代表新兴潮流画派的意思。但实际上，高更刻意排除印象派画家的参与，即便是引他进入画坛的毕沙罗也不在邀请之列。他拟定的名单之中，几乎都是自己的跟随者，如舒芬内克、拉瓦尔和贝尔纳等人。[②]凡·高也受到邀请，但提奥代为婉拒。提奥认为高更的沟通姿态高傲，策展安排充满谋略，得罪了许多印象派画家，让这位支持印象派最力的画行经纪人不得不回避。高更策划这项画展的目的，在于建立综合主义门派，并借着众星拱月之势，确保画派掌门人的地位。

结果，画展没卖出多少作品，却引起画坛的注目，“综合主义”从此在绘画界建立起桥头堡。

虽然高更后来大多待在布列塔尼，但阿凡桥已变成观光胜地，渐渐失去纯朴清幽的魅力，高更便转到附近观光客较少的普渡（Le Pouldu）。他越来越不能忍受文明的喧嚣与压力。对高更来说，巴黎只是物价高昂的商业市场，但他的作品迟迟未能打开销路，让他难以在大都会立足；如今，即便在布列塔尼，他也被逼得必须转换阵地。至于家人，他多少仍心有所系，在断断续续与妻子往来的信件中，会读到他询问孩子状况的语句。然而，这极可能是血缘多过于亲情的关照。高更对梅特已经没有任何残存的感情。他写道：“你信上用了一个特别的词：‘感情’。从过去多年的经验，我必须承认，我不懂那虚构的东西。我相信感情和黄金有些关联吧！拥有越多黄金的人，就越有感情。”[③]

法国的一切，似乎没什么好留恋的。辗转挣扎之余，他想起凡·高“南方画室”的理想（即“黄屋”）。高更想寻找一个异于北方色彩的理想乐土，建立“热带工作室”，让艺术家在这里脱胎蜕变，激发出新的创

---

① 1888年12月高更于阿尔勒写给舒芬内克的信。Maurice Malingue（Ed），Jenry J. Stenning（Trans）（1949）. *Paul Gauguin: Letters to His Wife and Friends*（pp.114–115）. MFA Publications.

② 这些参展者多曾在阿凡桥旅居或有渊源，又称为阿凡桥派。

③ 1890年12月高更于巴黎写给梅特的信。Maurice Malingue（Ed），Jenry J. Stenning（Trans）（1949）. *Paul Gauguin: Letters to His Wife and Friends*（p.153）. MFA Publications

意，为欧洲绘画开拓新的方向。在高更眼中，阿尔勒不过是个南方的“入口”，而非终极目的地。高更几乎是拿起地球仪来挑选“热带工作室”的地点。他先对越南产生兴趣，几度探询当地公务员的工作机会，但始终没有下文。之后，他看上马达加斯加，但在打听到当地人为开发程度颇高以后，便意兴阑珊。

期间，有部轰动的小说《洛蒂的婚姻》[①] 引起他的注意。这部作品是法国海军军官朱利安·维奥（Julian Viaud）[②] 的自传体小说。故事叙述了一个法国军官在派驻大溪地两个月期间，对异国文化产生浓厚兴趣。他穿着当地人的衣服，积极学习当地语言，探究毛利人的习俗，并和当地女子产生恋情。他逐渐融入这个原住民社会，体验一段如梦似幻的经历。维奥出书时，甚至采用书中主角“皮埃尔·洛蒂”（Pierre Loti）作为笔名。“洛蒂”（Loti）是大溪地语“红花”的意思，维奥以此纪念大溪地在他身上留下的深刻印记。此书一出，大受欢迎，甚至有论者拿左拉的自然主义小说与之做鲜明的对比。“皮埃尔·洛蒂”也从此成为维奥所有著作使用的笔名。高更受到这本书的吸引，决定去大溪地。[③]

“热带工作室”的地点有了眉目，高更期盼有朋友结伴同行，譬如贝尔纳。然而，在他独占综合主义（包括分隔主义在内）的论述与光环，并强调较之于印象派的优越后，已让身边的朋友感到不满；凡·高去世时，他没有参加丧礼，后来还劝阻贝尔纳协助提奥举办凡·高回顾展。在一封给贝尔纳的信上，高更写道：“刚刚打开塞律西埃（Sérusier）[④] 给我的信，知道你在帮文森特举办画展，这实在是愚蠢至极！你知道我喜欢

---

① 中文暂译《洛蒂的婚姻》，原法文书名为 *Le Mariage de Loti*，英文书名为 *The Marriage of Loti*。

② 在十九世纪，法国的帝国势力虽逐渐下降，但海外仍有大量的殖民地。出身于海军军官的朱利安·维奥（1850—1923）随着海军巡航，遍历世界各大洲，为他的作品提供了丰富的资源。他以极为生动优雅的笔触，将个人的所见所闻以及亲身经历，写成一部部富有异国情调、脍炙人口的文学作品。他书中所述及的场景，也成为许多读者向往的观光景点。维奥著名的作品有：《阿齐亚德》（*Aziyadé*，又名 *Constantinople*，叙述一个军官与土耳其女孩在伊斯坦布尔邂逅的情史）、《洛蒂的婚姻》、《一个非洲骑兵的故事》（*Le Roman d'un spahi*）、《冰岛渔夫》（法：*Pêcheur d'Islande*/ 英：*An Iceland Fisherman*，有关一个布列塔尼渔夫到冰岛捕鱼的故事）、《菊子夫人》（*Madame Chrysanthème*，一个士兵与日本艺伎短暂婚姻的故事）等。创作了著名歌剧《蝴蝶夫人》的音乐家普契尼曾说他参考了《菊子夫人》。

③ Amelia Hill（Oct 7，2001）. Gauguin's Erotic Tahiti Idyll Exposed As A Sham. *The Guardian*

④ 保罗·塞律西埃（1863—1927）在阿凡桥认识高更，并受他启发，后来成为那比画派的画家之一。

文森特的画，但大众是愚昧的，你在这个错误的时间举办，会提醒人们：不但文森特是疯子，连他的弟弟也在同一艘船上。[①] 许多人说我们的画是疯子搞出来的东西，这对我们和文森特都不好。算了，你做吧，真是笨！”[②] 高更自私无情的行径，让贝尔纳决定与他分道扬镳，毕沙罗也与之渐形疏离，连长期不断接济、与他不离不弃的舒芬内克都愤恨难平而与之决裂。最后，他只得自己筹备孤独的旅程。

行前，高更终于等到一场成功的拍卖会，售出约三十幅画，凑足了旅费。1891 年 3 月，在出席了一趟布鲁塞尔的巡回画展后，高更顺路回哥本哈根探亲。

离家六年间，夫妻通信的内容充斥着分手的怨怼和无止境的现实纠结。然而，两人见面后，彼此的情感竟重新连接到相识之初的浪漫情怀；甚至，在高更抵达大溪地以后，不但经常对梅特表达思念爱慕之情，信件越写越长，更提到将来返回欧陆后，两人“重启婚姻生活”的想法。然而，这次哥本哈根的相聚，是离家后的第一次，也是最后一次。

1891 年 4 月，高更从马赛搭船出航，穿越地中海，行经苏伊士运河、红海、阿拉伯海、印度洋，途经澳大利亚西南角珀斯，沿途停靠墨尔本、悉尼，再航向广大无垠的波利尼西亚。历经近两个月的旅程，他终于抵达大溪地。

高更在帕皮提上岸后，对原住民很有好感，却对眼前的景致感到失望。岛上的天主教堂、殖民地建筑、昂贵的酒店、铁皮的屋顶等象征欧洲物质文明的产物，已经侵蚀大溪地的原始风味；岛上的国王刚去世，也代表旧时代的迅速陨落。岛上虽然还有部落首领、王子、公主等体制，但他们的地位还比不上一个最低贱的白人。

他决心要寻找还未失去的天堂。几经探询，在当地友人建议下，他从岛的西北边迁移到南岸的村落帕皮瑞（Papeari），承租了一个稻草顶的竹屋，住了下来。在这里，高更度过了一段美好的时光。

---

① 贝尔纳与提奥一同为凡·高策划举办的回顾展从 1890 年 9 月开始，10 月，提奥也开始呈现痴呆的精神状态。

② 1890 年 10 月高更于阿凡桥写给贝尔纳的信。Maurice Malingue（Ed），Jenry J. Stenning（Trans）（1949）. *Paul Gauguin: Letters to His Wife and Friends*（p.152）. MFA Publications.

他很快发现当地人与生俱来的优美嗓音，每个村落都可以听见男女合声齐唱，许多人也能单凭口腔喉咙发出伴奏的乐音，旋律悠扬和谐，直捣人心。高更在给梅特的信上写道：

> 大溪地的夜晚，寂静得出奇，连鸟鸣声也听不到。偶尔，风声吹过耳边，但落地的树叶亦无声息。当地人常在白天忧郁地凝视天空，在晚间赤足步行，但我听见的，只有静谧。我知道这一切将征服我的生命。此刻，我的内心只有出乎意料的平静。
>
> 对我来说，欧洲混乱繁杂的生活不再，这里的明天依然存在。别妄下结论说我过于自私，弃你于不顾。不过，请让我过一下这样的生活。那些责骂我的人，完全不了解艺术家的本性，他们怎能要求我们履行一般人的责任义务啊，我们也不期望他们照我们的方式生活啊。
>
> 在这美丽的夜晚，许许多多的人和我做同样的事：放逐自我，过纯粹的生活，让小孩独自成长。无论是在哪个村子，在哪条路上，在哪里睡觉，在哪里饮食，他们恣意吟唱。即便还来不及道谢，也准备回礼致意。而我们竟称他们是野蛮人！他们唱歌，从不偷窃，我的门从不掩闭，他们不杀人！两个大溪地的字可以形容他们：Iorama（表示“早安、再见、谢谢”的意思）和Onatu（“我不在乎、无所谓”）。这些人竟被称为野蛮人！①

这个时期，高更的画无须刻意布下密码符咒，也不必潜藏宗教的寓意，他唯一做的，就是呈现“心中”完好的大溪地——毕竟这里的“文明”正遭到无情的摧毁，画中的完美，可能是局部的描绘，或从传说与想象之中追寻。无论如何，与阿凡桥时期相比，他不再刻意凸显综合主义的神秘感，也逐渐褪去象征主义的符号元素，单纯运用源自浮世绘的

---

① 1891年7月高更于大溪地写给梅特的信。Maurice Malingue（Ed），Jenry J. Stenning（Trans）（1949）. *Paul Gauguin: Letters to His Wife and Friends*（p.163）. MFA Publications.

平面线条和贝尔纳的分隔主义，专注于把大溪地的理想面貌展现在世人面前。

《有孔雀的风景》让我们联想起高更在马提尼克岛的《热带植物》。他在大溪地的风景画，显然更有感情，也更具热带色彩。虽然画的基调仍有日本浮世绘的线条与色彩的分隔，但我们也看见画布上清楚的前、中、远景；画中起伏的山峦和小径，似乎不再一味地平面化，具有立体的造型；左侧的森林也有了明暗阴影的层次感。从这些特点来看，高更意图融合古典与分隔主义，在保有前卫艺术的现代语汇下，让观者降低对新艺术的防御，或减少不必要的解读干扰，能够直接感受大溪地的自然魅力。

至于《消遣》，高更的意图极为明显，就是要和乔尔乔内的《暴风雨》[①]、提香的《田园合奏》[②] 以及马奈《草地上的午餐》等经典的牧歌主题对话。尽管它们都是融合想象与现实的作品，但高更的《消遣》，借由前景的一只狗——忠实可靠的象征——隐约传递他所呈现的牧歌世界，比起前人的虚幻想象作品更为可信，他仿佛在告诉我们，只要来到大溪地，就可以亲身体验如仙境般的感受。

对高更来说，除了夜不闭户、引吭高歌的升平世界以外，大溪地的女人更是理想乐园不可或缺的一块核心拼图。在《洛蒂的婚姻》一书中，皮埃尔·洛蒂这么形容他所遇见的大溪地女孩“拉拉呼”（Rarahu）的：

> 拉拉呼一双透着红光的眼珠，流泻异国慵懒的神采，像只让人想爱抚的、甜美的猫……她的鼻梁纤细优雅，像典型的阿拉伯脸庞；她的嘴比古典的模特略为宽厚，呈现令人垂涎的立体唇形……她又长又直而稍粗的发，散发着檀香，垂落在裸露圆润的双肩；她的肤色——从额头到脚底——就像是伊特鲁里亚[③] 地区挖出的淡陶砖色古物。

---

① 请参阅《繁星巨浪：大艺术家的作品和他们的故事（物换星移卷）》第三章的《马奈的维纳斯》。

② 请参阅《繁星巨浪：大艺术家的作品和他们的故事（物换星移卷）》第一章的《记录青春容颜》。

③ 古罗马时期伊特拉斯坎人统治（约在公元前 12 世纪至公元前 1 世纪）的城邦地区，涵盖今日托斯卡尼至罗马一带的区域。

有孔雀的风景
大溪地语[1]**：*Matamoe***
法：*Paysage aux paons*
英：*Landscape with Peacocks*
高更（Paul Gauguin）油画
1892，115 cm×86 cm
莫斯科／普希金博物馆（The Pushkin State Museum of Fine Arts，Moscow）

---

① 凡列有“大溪地语”的标题，均为高更本人所题，通常亦可在画里看到。

消遣

大溪地语：*Arearea* / 法：*Joyeusetés* / 英：*Joyfulness*

高更（Paul Gauguin）油画

1892，75 cm×94 cm

巴黎 / 奥赛美术馆（Musée d’Orsay，Paris）

拉拉呼身材娇小，体态诱人；她的胸细致剔透，她的手比例完美……像所有的毛利人一样，她的双眼如此接近，当她开心大笑的时候，稚气的脸就像只精致而淘气的猴子；当她忧伤或严肃的时候，没有什么比这更好的形容词了：波利尼西亚式的优雅。①

高更发现，洛蒂描述的特征未必与现实吻合，但大溪地的女人确实别具丰采，而且对性的开放心态超过巴黎的尺度。高更的大溪地系列作品中，以女性为主角的占据绝大多数。

在一封给梅特的信里，高更特别提到《亡灵窥探》：

我寄给你的许多画，可能令人费解，但你也许会觉得很有意思。为了让你了解，我选择其中最令人困惑的画来说明。这幅画，要不，自己留存；要不，请卖最高的价格。《亡灵窥探》，一幅女孩的裸体画。她的姿态或许不怎么优雅，但这是我想要的线条，一个令我感到有趣的动作——稍受惊吓的表情。根据毛利人的传说，亡灵是让人产生极大恐惧的东西。如果我们的女儿受到惊吓，应该就会有这种表情……我让床单混了一点黄和绿，因为：一、土著的床单跟我们的不同（是平坦的树皮做的）；二、背景有人为的光（土著女人绝不在暗处上床）；三、黄色能够完美统合橘和蓝。背景有些花，象征闪光，土著相信暗夜的磷光是亡者的灵魂，这令他们感到害怕。最后，我放上一个鬼魂，因为年轻女孩无法想象精灵的模样……②

高更没说的是，画里的女孩是他在大溪地的第一任妻子，十三岁的蒂哈阿曼娜（Tehamana）。到了大溪地以后，高更不缺萍水相逢的女伴，

① Richard M. Berrong（Jan 5，2013）. Gauguin and Loti. *Zetto*

② 1892 年 12 月高更于大溪地写给梅特的信。Maurice Malingue（Ed），Jenry J. Stenning（Trans）（1949）. *Paul Gauguin: Letters to His Wife and Friends*（p.178）. MFA Publications.

亡灵窥探

大溪地语：*Manao Tupapau* / 法：*L'esprit des morts veille* / 英：*Spirit of the Dead Watching*

高更（Paul Gauguin）油画

1892，116 cm×134.6 cm

纽约州 / 布法罗 / 阿布莱特-诺克斯美术馆（Albright-Knox Art Gallery，Buffalo，New York）

譬如：部落的公主、混有欧洲血统的向导。他支配不了难以捉摸的前者；至于后者，他觉得她与欧洲人接触太多，缺乏他所追求的原始朴拙，而且，高更也不能为她提供欧洲式的优裕生活。

在一次环岛探索的旅途中，一位妇女问高更要找什么，他说："去找个女人！"妇女说："你要愿意，我可以给你一个，是我的女儿。"蒂哈阿曼娜成了高更经由当地婚礼习俗娶进门的女孩。带她回家的路上，他们遇见一位宪兵的女人，是个法国人。她打量起蒂哈阿曼娜。高更觉得："这两个女人之间的对峙具有象征意味：一个残花败柳，一个含苞欲放；一个代表法律，一个拥有信仰；一个矫揉造作，一个自然率真；与后者相比，前者散发一种撒谎与不怀好意的浊气。"①

蒂哈阿曼娜是高更1892年到1893年间创作的缪斯，《亡灵窥探》是其中知名度最高的作品。

《亡灵窥探》之所以引起瞩目，在于主题本身正当性与道德感的争议，而非艺术面的讨论。有人主张，蒂哈阿曼娜所属的家族已是数代天主教徒，对亡灵传说不可能熟悉；即便知晓，也不可能相信。他们认为《亡灵窥探》的故事，恐只是高更穿凿附会的托词，以利于作品宣传；他们推论，画呈现的是高更遗传自外祖父的基因——安德烈曾遭指控对幼女（高更的母亲）性骚扰——对蒂哈阿曼娜猥亵逞欲之际，蒂哈阿曼娜所产生的恐惧反应。

我从两个方面分析研判，觉得上述论点恐过于牵强。

其一，原住民族人的传说，或许不至于成为根深蒂固的信仰，但这并不必然会使年轻的天主教徒免于民间传说的影响。如同我们成长的经验里，无论信奉什么宗教，小时候怕鬼是很普遍的现象。更何况，在宗教传递的过程中，经常会融合当地信仰和习俗，兼容当地特色的传统，如此一来，宣教的过程更加顺利，更深植人心。所谓蒂哈阿曼娜不可能相信亡灵的说法，参考价值不高。

其二，更重要的是，这幅画的诞生和高更自诩的使命有关。

高更拥抱"热带工作室"的构想，是一种理想的追寻，也有退无可

---

①（法）保罗·高更：《诺阿·诺阿：你不可不知道的高更与大溪地手札》，郭安定译，华滋出版2014年版，第87页。（Paul Gauguin，1901，Noa Noa.）

退的无奈。自从巴黎股市崩盘后，他选择绘画为志业，让他走得踉跄，浑身是伤，他失去的——包括财富、家人、朋友——比他获得的要多；高更利用他人的善意与创意，创立前卫的画派论述，却吝于分享荣耀，缺乏相互扶持，落得众叛亲离的下场；凡·高兄弟的相继去世，不仅让共同的朋友与他划清界限，更让他失去对他支持最力的经纪人。出走，是早年航海流浪生涯的延续，是母系家族基因的显性反应，也有重新打造艺术基地，让自己再站起来的孤注一掷。

因此，来到大溪地虽有其浪漫的探寻与追求，但高更势必要超越皮埃尔·洛蒂浅尝辄止的旅人经历，借由观察与长期浸淫在大溪地的原始生活中，为欧洲艺术开创崭新的形式与内涵。

《亡灵窥探》之前，高更曾仔细临摹马奈的《奥林匹亚》。他的目的再清楚不过；就如同马奈借之冲破新古典美术的窄门，成为现代艺术的开拓英雄一样，高更企图以《亡灵窥探》指出新的美术象限。

从《奥林匹亚》到《亡灵窥探》，我们看到黑人女佣被木雕的亡灵取代；花束变成磷光和树叶；苍白羸弱但手腕世故的交际花，转换成褐棕肤色、体态丰腴的惊惧女孩。蒂哈阿曼娜的长臂、宽掌、厚脚等原始野性的特质，与欧洲的维纳斯（无论是新古典还是现代）呈现巨大的反差，不符合欧洲人对美（女）的定义。但高更要颠覆这种单一价值、道貌岸然的审美观，他要以一系列的创作，呈现新的美学理念；在朴拙、原始、苍劲的环境中，与大自然和谐相处、与之共生死的毛利人，衍生出与欧洲相异的审美观；只有对于欧洲文明有反省能力，能够抛弃传统桎梏的人，才能发现她的美。

约在完成《亡灵窥探》时，高更写道：

> 近来的作品令人欣慰，我可以感觉到大洋洲的精神在我体内滋长；我确定我的工作，没人知道怎么做，也从没在法国看过。我知道这个创举会产生有利于我的局势，大溪地不凡的魅力与女人，神秘莫测，让人无从抵抗。[1]

---

① 1892年6月高更于大溪地写给梅特的信。Maurice Malingue（Ed），Jenry J. Stenning（Trans）（1949）. *Paul Gauguin: Letters to His Wife and Friends*（p.170）. MFA Publications.

> 我熟悉这里的土壤、味道，我画的大溪地人举止充满谜样，接近原始的毛利文化，这可不是什么“巴蒂尼奥勒”（Batignolles）的东方主义。[①]

《怎么！你嫉妒吗？》可以说是高更为这段话所做的最佳诠释，是原始主义对东方主义的嘲弄。

巴蒂尼奥勒位于巴黎蒙马特西侧，是许多文艺界人士聚集的地方，马奈的画室就在这个地区。以他为首的一群画家，如摩里索、莫奈、雷诺瓦等，经常在马奈画室出入，人称“巴蒂尼奥勒帮”[②]。高更信里的轻蔑，倒不是狭义地攻击马奈本人，而是泛指巴黎艺术圈长期以来狭隘而主观的“东方主义”，譬如安格尔后宫裸女系列的土耳其风、马奈《吹笛少年》的日本风等，都是以西方人对东方异国风情的凭空想象，或者纯粹的“西学为体，东学为用”的工具化运用。而高更自己，则通过亲身在当地生活的体验，第一手描绘出具象的东方世界。他认为这个岌岌可危的乐土必须加以保存，因为这是最后能让人深刻反思的所在。

然而，他的任务还未完成，他作画的主题还停留在观察者的角色，画面洋溢着探险家的炫耀；人物的动作与构成，看得见埃及、爪哇、柬埔寨与大洋洲的传统艺术影响。我认为，高更此一时期的创作，在艺术性的突破上，未必超越他在阿凡桥时期的成就，如《布道后的幻象》《黄色基督》。然而，对于文明的反省，反转西方文化本位的优越性，及融合亚、非、大洋洲的元素上，的确对二十世纪的艺术家（尤其是毕加索）产生了深远的影响，打破了长久以来西方的本位主义，进而激荡出更多元的文化内涵。

高更在大溪地南岸的快乐日子只持续了几个月，又坠入贫困挨饿的窘境，连买画布的钱也没有。失去了提奥以后，其他画商常低报售价，又不按时寄钱给他。他最可靠的经纪人，只剩下哥本哈根的妻子

---

① 1892 年 7 月高更于大溪地写给梅特的信。Maurice Malingue（Ed），Jenry J. Stenning（Trans）（1949）. *Paul Gauguin: Letters to His Wife and Friends*（p.172）. MFA Publications.

② 相关介绍请参阅《繁星巨浪：大艺术家的作品和他们的故事（物换星移卷）》第三章的《缪斯女神》。

怎么！你嫉妒吗？

大溪地语：*Aha Oe Feii?* / 法：*Eh quoi ! Tu es jaloux?* / 英：*What ! Are You Jealous?*

高更（Paul Gauguin）油画

1892，66 cm×89 cm

莫斯科 / 普希金博物馆（The Pushkin State Museum of Fine Arts，Moscow）

梅特，但毕竟巴黎才是最主要的市场。因此，在大溪地待满两年之际，他不得不再次求助于法国政府，安排他回国，他得回巴黎重新打开市场。有孕在身的蒂哈阿曼娜伤心地哭了好几天，却不得不接受残酷的离别。

天堂之路

1893年冬天，回到巴黎几个月以后，高更幸运地从过世的叔叔那里继承了一笔九千法郎的遗产，梅特以为丈夫至少会分一半给她和孩子们。但高更先扣掉须归还的债务后，才平分给哥本哈根的家人，令梅特非常失望，两人的关系又迅速归于冷淡。

收到这笔意外之财后，高更换上魔术师般的浮夸衣饰，头上顶着中亚风格的硬顶绒帽，身上随时套着军装大衣样式的披风。他搬进市区蒙帕纳斯（Montparnasse）西边宽敞的公寓，拥有画室，还有偌大的会客空间。屋内挂上大溪地时期的作品和大洋洲意象的装饰品。此外，通过经纪人介绍，他认识了一名混血模特，人称“爪哇女子·安娜”（Annah la Javanaise），实际上她的亚洲血统来自斯里兰卡和马来西亚。或许，安娜的身上散发着巴黎人缺乏的原始气味，让高更想起大溪地的妻子蒂哈阿曼娜，于是，他们开始同居。

高更画里的安娜，除了一对耳环和右手套环以外，毫不扭捏地裸露赤身，连耻毛也不避讳。脚旁的猴子，是高更为她买来的宠物。趾高气扬的安娜，足蹬脚椅凳，双手撑着椅子的扶手，却不好端端地坐在椅子上，显示她天生不造作的野性；画面显现对比强烈的红、黄、蓝、绿等鲜艳色调，烘托安娜来自南方的深褐肤色。

粉红色的墙上，有张浮贴的圆弧图案，上面写着大溪地语“Aita/Tamari Vahine Judith/PARARI”的字样，意思是“未受玷污的女孩朱迪丝”。[①] 这段起看来不相干的文字，应是高更留给邻居女孩的暗语。

与安娜年龄相仿，时年十三岁的朱迪丝，家住高更楼下。她的父亲威廉·莫拉尔（William Molard）是古典音乐作曲家，两家互有往来。高更经常在家里举办沙龙宴会，朱迪丝也常来串门子。她的角色渐渐从宾客转变为接待，对高更产生情愫，也很嫉妒安娜和高更的关系。虽然巴黎人对艺术家的风流成性司空见惯，但若牵涉未成年的白人女孩，仍是不可跨越的禁忌。因此，这段大溪地语的文字，是高更对朱迪丝所传达的暧昧暗语。

《爪哇女子·安娜》所散发的年轻野性活力固然冲击着传统维纳斯的纤细典雅，但画家可能更欲借此鼓吹性的自由。然而，他将未成年少女的裸体入画（包括《亡灵窥探》在内），复以轻佻的语句暗示与另一少女的暧昧关系，恐怕也会降低其艺术高度。

1894 年春夏之际，高更和安娜旅居布列塔尼。某天，这对高调怪诞的伴侣，牵着猴子，在阿凡桥西边的港口散步，路上碰到几个酒醉的水手，朝他们丢石头挑衅。受过野地洗礼的高更，很快就以过人的气力斥退这批人。他们随后叫来十多名同伴，合力把高更的足踝打断，让他足足躺在床上两个月，每天得服用吗啡才能止痛。而安娜则趁高更行动不便之际，奔回巴黎的公寓，搜刮画作以外的所有财物后扬长而去，不知所踪。

经过这番打击，高更决定出清所有能卖的画，回到大溪地。不过，这场拍卖会卖出的金额不到预期金额的一成，甚至不够支付行政开销。为了避免糗事传开，只有私下做假订单，全数自己买下。幸好，有两位经纪人赏识他的才华，与他签下合约，高更才得以在 1895 年 6 月重返大溪地。

---

① Jill Berk Jimenez (2001). *Dictionary of Artist Models* (p.48). Fitzroy Dearborn Publishers.

爪哇女子·安娜

大溪地语：*Aita / Tamari Vahine Judith / PARARI*

法：*Annah la Javanaise*

英：*Annah the Javanese*

高更（Paul Gauguin）油画

1893—1894，116 cm×81 cm

私人收藏（Private Collection）

再度回到大溪地的高更，发现在离开的两年间，当地的面貌以超乎想象的速度崩坏。“帕皮提已经有了电力设施，到处看得到电灯；国王故居前的草皮上，竟弄了一座旋转木马，花二十五生丁，可以骑一次、听一首留声机的音乐……殖民地政府准备要镇压受英国人鼓动闹革命的原住民。”①

这个令他魂萦梦系的心灵故乡变了调，两年前挥别的蒂哈阿曼娜也改嫁他人。而命运对刚愎自用、抛家弃子、自私毁义的高更，才刚开始展开一波波的报复。原来签约的经纪人失信履约，高更又堕入饥饿贫困的生活；前一年在布列塔尼遭打伤的脚踝，未曾痊愈，此时剧烈的疼痛再次袭来；过去频繁而恣意的纵欲，化成梅毒恶疾，进一步侵蚀他的身体，让他像是掉入诅咒的深渊，无从翻身脱逃，连自救的力气也没有。1897 年，梅特更传来唯一的女儿阿琳死去的消息，让高更有了了此残生的念头。人生至此，只剩下卖不出去的画，原来无惧于评论家和敌人的耻笑，在残破画室坚持创作的意志力，如今已渐渐不受指挥，一并消沉陨落。

决定结束生命之前，他集结了一些对宗教、艺术、新闻、时事的杂记，封面写上献给凡・高的字样。然后，他要用尽最后的气力，构思创作一部此生最为宏伟的巨幅作品《我们从哪里来？我们是什么？我们要往哪里去？》，欲以此作为毕生创作的总结。

画面中间，高举双手取下果实的男子及旁边坐在地上吃水果的女孩，似乎象征伊甸园里的亚当与夏娃（或其后代）。根据《圣经》的故事，当亚当、夏娃受了毒蛇的诱惑，偷吃果园正中央的善恶树果实后，立刻睁开了眼，看见彼此的裸体，因而羞愧地躲起来。上帝发现他们畏畏缩缩，知道他们犯了罪，而有了神的智慧，于是把他们逐出伊甸园。因此，他们成了人类的祖先，但凡人都会死去。

高更翻转西方画从左往右展开的习惯，这幅画得从右边看起：躺在地上的婴儿，象征人的诞生；接着，坐在地上有一群生活在大自然的原

---

① 1895 年 7 月高更于大溪地写给巴黎邻居威廉・莫拉尔的信。Maurice Malingue（Ed），Jenry J. Stenning（Trans）（1949）. *Paul Gauguin: Letters to His Wife and Friends*（p.203）. MFA Publications.

住民，是大溪地作品的女人典型；她们的后方，丛林的幽暗处，有两位身着长袍，似在进行严肃讨论的“文明人”（可能是欧洲人，或是接受西方教育的大溪地人），他们的举止，让外面一丝不挂的人无法理解地搔着头，觉得他们的所作所为都是徒劳，因为人终将一死。

画面左边，有一尊土著神明石雕像，一名女子背对着它，思考着超自然的力量要把人类带往何处？如果人终将一死，那么，人生的意义为何？

再往左，有名不甘心的白发裸体老妇，即将面对死亡。她的脚旁，有只大鸟，踩着蜥蜴。在高更大溪地的作品中，他常以蜥蜴代替蛇的意象，这或许是刻意与《圣经》有所区别的做法。蜥蜴（蛇）被踩死，代表人都将死亡，也就没有敌人，没有欺骗，反正一切都将成空。

乍看之下，这幅画似乎是《创世记》的大溪地版。若真如此，画里的神明雕像明显地和基督教叙述的世界有所扞格。表面看来低俗的混搭，绝非高更在这幅企图传世的告别作中会应用的拙劣手法。我认为，高更披着基督教义的外衣，实则展现大溪地人的生死观。

在他有关大溪地文化的散文著作《诺阿·诺阿》（大溪地语“Noa Noa”，芳香之气的意思）中，他引述了一段当地的传说：

> 月亮女神希娜对大地之神特法图说：“人死了，请把他复活。”
>
> 后者是这样回答的：“不，我绝不这样做。人必须死，草木必须死，一切以草木为食物的都必须死，大地也会死，大地会完结，永远不再复生。”
>
> 希娜又说道：“那就请便了。不过，我一定要使月亮复生。”
>
> 于是，希娜所掌管的存在下来，特法图所拥有的丧失了生命，人因而也注定要死亡。[1]

---

① （法）高更：《诺阿·诺阿：你不可不知道的高更与大溪地手札》，郭安定译，华滋出版 2014 年版，第 81 页。（Paul Gauguin，1901，*Noa Noa.*）

这么一来，整幅画的意义便连接在地的主体性。中间摘果实为生的人，只是代表着生活的进行式；而旁边背对着观者，搔着头，看着黑洞里毁坏的欧洲文明的人，可能是高更自己。高更在《诺阿·诺阿》一书中提到，若人都将死去而不轮回转世，大溪地人也一样会死去，他忍不住纳闷：是否有更进化的种族，在另一个地方兴盛起来？只是，如果欧洲人是人类进化的典型，那么可真叫人怀疑，世界到底是怎么一回事？于是，他要借着这幅作品提问："我们从哪里来？我们是什么？我们要往哪里去？"

《我们从哪里来？我们是什么？我们要往哪里去？》可以说是高更为自己刻的墓志铭，是一部经过深思而仔细擘画的创作，他对这幅画的定位有极高的期望。首先，从画的人物动作与编排来看，我认为高更参考了拉斐尔名作《帕里斯的评判》[①]——一幅所有法国美术学院学生都会研究的经典。高更这幅作品中的人物共计十二位，与《帕里斯的评判》在地上的人数（天上的神除外）一样。其次，高更这幅作品的尺寸是《帕里斯的评判》的四十倍，是大型厅堂壁画的规格。高更把主题标示在左上角，签名于右上角，两者都以壁画剥落的形式呈现，暗示对于此画恒久流传的冀盼。再者，高更曾提到，这幅画的大哉问，是"罗马大奖"的典型的历史画术科考题。[②]只是，这幅画摒弃了欧洲本位的哲学思考，推翻了新古典艺术的哲学系统，身体里住着大溪地灵魂的高更，提出了对人类文明发展的反思。

综观高更一生的作品，从纯绘画表现形式的创新来看，他在布列塔尼时期所引领的"综合主义"，已足以让他在艺术史上占据不朽的地位，其新颖的风格和超越表面现象的探索，指出后印象派艺术可能的发展方向，实已居功至伟。至于大溪地时期所代表的"异国风情"，绝非高更首创。整个十九世纪，日本的浮世绘席卷欧洲，很少有艺术家不受这一风潮的洗礼。以个别艺术家来说，德拉克鲁瓦的北非之行系列作品，也

① 有关这幅画的介绍，请参见《繁星巨浪：大艺术家的作品和他们的故事（物换星移卷）》第三章的《马奈的维纳斯》。

② 1898 年 2 月高更于大溪地写给乔治·丹尼尔·德·蒙弗雷（Georges Daniel de Monfried）的信。Ruth Pielkovo（Trans）（1922）. *The Letters of Paul Gauguin to Georges Daniel de Monfreid*. Dodd, Mead and Company.

D'où Venons Nous
Que Sommes Nous
Où Allons Nous

我们从哪里来？我们是什么？我们要往哪里去？

法：*D'où venons-nous? Que sommes-nous? Où allons-nous?*

英：*Where Do We Come From? What Are We? Where Are We Going?*

高更（Paul Gauguin）油画

1897，139.1 cm×374.6 cm

波士顿 / 波士顿美术馆（Museum of Fine Arts，Boston）

成为“东方主义”的经典。然而，深入而完整地专注“原始艺术”的创作，超越异国风情的浮面感受或工具运用，以原始艺术为出发，提出对欧洲文明、哲学、艺术的反动，高更绝对是第一人，也对后代艺术家（如毕加索）产生深远的影响。

完成此画不久以后，高更走到山上，企图服毒自尽，却可能因为吞食过量，引发呕吐不已，而意外活了下来。① 过了两年苟延残喘的日子后，1900 年，高更与一位擅长低买高卖的艺术经纪人安布瓦兹·沃拉德（Ambroise Vollard）签下每月三百法郎的合约。高更一直避免与沃拉德做生意，后者的收购价格总是低得让人难堪。这份合约的金额，低于一般巴黎工人的月薪。当初沃拉德趁高更离开巴黎前需钱急迫，迫使高更贱价变卖手上凡·高的画和自己的陶艺品。如今，这份合约虽谈不上丰厚，但对于过惯了自我放逐生活的画家来说，也算足够支付基本开销。

1901 年，有感于大溪地逐渐失去原始文化，并寻求更低的生活费用，高更迁移到东北方向一千四百公里外的马克萨斯群岛（Marquesas Islands）中的希瓦奥亚岛（Hiva Oa）。在那里，或许感应到外祖母弗洛拉的灵魂呼唤，他自行印刷报纸，为原住民发声，鼓吹反殖民政府的抗税活动，反抗天主教会在这天堂乐园所宣达的欧洲价值观。

至于个人的创作，高更不再追求新的形式，也不塑造冠冕堂皇的论述。他的画作元素变得单纯朴拙，许多作品的主题与追忆过去有关。《沙滩上骑马的人》让人联想到德加，而《扶手椅上的向日葵》则是追忆凡·高之作，两者皆为系列主题的作品。

不久，高更的健康再度恶化，并啃噬着他的心灵，于是他兴起了回法国的念头。然而，好友回信劝他：“您是卓越非凡、充满传奇色彩的艺术家，从无垠的大洋洲，创作出极有深度、无人能够模仿的崇高作品。对世人来说，您已从地球表面消失，埋身于伟大的艺术。现在如果突然回来，会造成传奇的破灭。”② 于是，高更就留了下来。

---

① 1898 年 2 月高更于大溪地写给乔治·丹尼尔·德·蒙弗雷的信。Ruth Pielkovo（Trans）（1922）. *The Letters of Paul Gauguin to Georges Daniel de Monfreid*. Dodd，Mead and Company.

② 1902 年乔治·丹尼尔·德·蒙弗雷于巴黎写给高更的信。Ann Morrison（Mar 2011）. Gauguin's Bid For Glory. *Smithsonian Magazine*.

沙滩上骑马的人

法：*Cavaliers sur la plage* / 英：*Riders on the Beach*

高更（Paul Gauguin）油画

1902，73 cm×92 cm

私人收藏（Private Collection）

扶手椅上的向日葵

法：*Nature morte avec des tournesols sur un fauteuil*

英：*Still life with sunflowers on an armchair*

高更（Paul Gauguin）油画

1901，73 cm×92 cm

圣彼得堡 / 埃米塔吉博物馆（Hermitage Museum，Saint Petersburg）

1903 年 5 月 8 日，高更病逝于希瓦奥亚岛，时年五十五岁。当死讯传到天主教会，主教马丁（Bishop Martin）写道："一个可怜的人死了，他是个知名的艺术家，上帝和道德的敌人。"

| 第三章 |

装点缤纷新世界

马蒂斯

Henri Matisse
31 December 1869—3 November 1954

蜕变的挣扎

1905年10月，“秋季沙龙”（Salon d’ Automne）举办成立以来的第三次年展。创办人弗朗茨·茹尔丹（Frantz Jourdain）的想法是广纳年轻艺术家的作品，让秋季沙龙成为世界前卫艺术的平台。他期盼，秋季沙龙能像1863年横空出世的“落选者沙龙”一样，吸引如马奈、塞尚等划时代艺术家的作品，成为官方“巴黎沙龙”以外最有艺术影响力的组织。其实，艺坛还有一个成立超过十年的“独立艺术家协会”[①]（一般称为“独立沙龙”），但它没有评审与筛选机制，参展作品水准不一。而秋季沙龙则设有评审制度，并宣称评审标准有异于官方门派保守的传统，品味前卫而多元，不受学院狭隘的价值系统所局限。

秋季沙龙草创之时，官方台面下的抵制动作不断。茹尔丹筹办1903年的首展时，四处碰壁，只能在缺乏暖炉设备的小皇宫（Petit Palais des Champs-Élysées）地下室举行。尽管如此，茹尔丹凭着知名收藏家的身份及广阔的社交关系，仍成功招揽不少年轻艺术家共襄盛举。此外，在张罗的过程中，获悉高更过世（1903年5月）的消息，便立刻决

① 独立艺术家协会（The Société des Artistes Indépendants）又称为独立沙龙（Salon des Indépendants），由修拉、西涅克、雷东（Odilon Redon）等画家共同成立。

定在首展中加入高更的回顾展。由于他的人脉、努力和过人的机敏，秋季沙龙出师告捷。

1904 年，秋季沙龙的气势升高，展览场地移到大皇宫（Grand Palais des Champs-Élysées），深受前卫艺术圈所推崇的塞尚、雷诺瓦和罗特列克等人的作品也应邀展出。到了 1905 年，更有重量级画家安格尔和马奈的回顾展。已故大师作品的参展，固然是票房保证，对秋季沙龙的地位提升也有助益，但这和当初标榜当代艺术擂台的理想，显然有些差距。茹尔丹或许自认秋季沙龙是一匹能攻下巴黎沙龙的屠城木马，但看在年轻一辈艺术家眼中，却感到有点虚张声势，骨子里仍嫌保守懦弱。

譬如，当茹尔丹看到亨利・马蒂斯《戴帽子的女人》和《敞开的窗》时，觉得色彩与笔法过于颠覆，难以肯定其艺术价值而感到不安。他担心，若在秋季沙龙展出，会折损主办单位的公信力。于是，他暗中规劝评审筛除，但遭到拒绝。

茹尔丹的顾虑并非自寻烦恼。开展前一天，艺评家路易・沃塞勒（Louis Vauxcelles）走进第七展间（Salle VII）预赏。在交错着文艺复兴时期雕像的空间里，他看到马蒂斯、安德烈・德兰（André Dearin，1880—1954）、莫里斯・德・弗拉曼克（Maurice de Vlaminck，1876—1958）、查尔斯・穆安（Charles Camoin，1879—1965）等人的作品。他们的画，色彩喧嚣迸射，构图大胆放肆，颇有挑衅并解构印象派和后印象派的意味。这些油画的激进狂野和文艺复兴雕像的古典优雅产生尖锐的对比，以致沃塞勒写道，这像是“多那太罗[①]跻身在野兽之中”[②]。

此文一出，以马蒂斯为首的“野兽派”在秋季沙龙一战成名，各界拥护与挞伐之声久久不歇。令茹尔丹始料未及的是，经过此役，秋季沙龙成为二十世纪初期前卫艺术的发表圣地。往后，叫人瞠目结舌的立体派（Cubism）也在此集结发声，彰显秋季沙龙的影响力。

马蒂斯原来在律师事务所工作。二十岁时，因罹患盲肠炎，两年下

---

① 多那太罗（Donatello，1386—1466），文艺复兴时期雕刻家。《繁星巨浪：大艺术家的作品和他们的故事（物换星移卷）》第一章的《预知死亡纪事》有对其作品《大卫》的介绍。

② Laura McPhee（2006）. *A Journey Into Matisse's South of France*（p.117）. Roaring Forties Press.

不了床，母亲送他一套油画工具箱以打发时间。不料，他越画越起劲，燃起对艺术的炽烈热情。身体康复后，马蒂斯决定翻转人生志向，投入艺术创作。马蒂斯自述："我拿到这箱油彩时，知道那就是我的生命。我就像一头见猎心喜的野兽，奋不顾身地扑过去。"①

1891 年，从家乡波汉（Bohain）②来到巴黎的马蒂斯，天分极高，习画才两年多，作品就受到官方沙龙的青睐，接连由政府收购。1892 年起，他进入以象征派宗教画见长的古斯塔夫·莫罗（Gustave Moreau，1826—1898）画室习画，也常到卢浮宫临摹。这段时间，他结识了未来共同开创野兽派的同学好友。

1895 年的夏天，他受一位画家邀请，定期前往布列塔尼写生。第二年，他在布列塔尼认识了来自澳大利亚的印象派画家约翰·彼得·罗素（John Peter Russell，1858—1930）。早先，罗素在巴黎科尔曼画室时，与凡·高颇为交好，曾为凡·高画肖像画。两人曾讨论艺术村的想法，认为志同道合的画家可以通过群居生活相互切磋砥砺，彼此互为援助，建立稳固的创作基地；他们理想的聚落，是一处可从中领略生命内涵，接受自然熏陶与启示；充分汲取光线、色彩与景致的自然环境，进而可将源自大自然的学习与灵感，融合运用于画布上。

来自北方的凡·高，向往南方的阳光、生机盎然的色彩和质朴热情的民风；而来自澳大利亚的罗素，则钟爱四季分明、耸立傲伟海岸的布列塔尼。罗素选择的落脚处，是位于布列塔尼外海的贝勒岛（Belle Île）③，这个地点和他所崇拜的莫奈有关。莫奈经常到贝勒岛写生，留下澎湃壮阔的画作，罗素深深为之着迷。1888 年，当凡·高左支右绌地在阿尔勒拼凑家具，迎接高更来到"南方画室"的黄屋时，拥有澳大利亚矿业家产继承权的罗素，已早一步在贝勒岛筑起城堡级的豪邸。罗素为人慷慨热情，经常接待夏日到访的艺术家朋友，一同作画。1896 年，马蒂斯初到罗素寓所拜访时，还曾在储藏室看到莫奈的画具手推车。

---

① Christina Henry de Tessan（2012）. *Forever Paris: 25 Walks in the Footsteps of Chanel, Hemingway*（p.100）. Picasso，and More . Chronicle Books.

② 波汉的全名为 Bohain-en-Vermandois，位于法国东北部。

③ 贝勒岛（Belle Île）的原意是美丽岛，位于阿凡桥东南方约七十公里的小岛。

历经 1896 年、1897 年两个夏季的相处，罗素显然非常欣赏年轻的马蒂斯，传授他许多印象派艺术的观念和技巧。这是马蒂斯过去几年在美术学院、画室或卢浮宫都学习不到的，对他日后的作画理念与风格播下重大转折的种子。此外，罗素甚至转赠给马蒂斯两张凡·高亲手画的素描插图，来由是当初凡·高把阿尔勒时期创作的油画主题，用素描画成示意图，寄给罗素参考。这也是马蒂斯接触凡·高等后印象派艺术的开端。

1896 年，马蒂斯从布列塔尼回来以后，开始创作《餐桌》，准备送交 1897 年的巴黎沙龙。

《餐桌》是马蒂斯早年静物画的主题系列之一。此画呈现华丽餐宴前的准备时刻，洋溢兴奋期待的气氛。画里的鲜花水果，喜气盎然；熠熠生辉的醒酒瓶、酒杯与餐盘，更是光可鉴人，生气蓬勃，展现画家的不凡功力。

插花摆盘的女人，是他的情妇卡米耶（Camille）[①]。卡米耶原先在画室担任模特，两人在 1892 年认识，很快就陷入热恋，住在一起，生下一个女儿。依当时风俗，中上阶层的家长很少会接受有私生子女的情妇。马蒂斯虽对周遭的朋友宣称他们是夫妻，实则未得到父亲的许可，没有法律上的名分。

当时，马蒂斯才气出众，是指日可待的明日之星，但名气仅限于一小群年轻画家之间，收入极不稳定。为了准备这幅画，他向亲友商借餐具，至于水果和花，则自掏腰包购买。为了延长水果鲜花的寿命，让画能够顺利完成，马蒂斯不开暖炉，两人只能在公寓穿上厚重的衣服御寒。

这对年轻伴侣经常同进同出，女儿出生后，三人也一起去布列塔尼。卡米耶为了分担家计，利用闲暇做衣帽，赚些工资。具有模特身份的卡米耶，对时尚的嗅觉灵敏，品位不俗，借手工艺攒钱之余，也收集制作不少精美的织物和家饰。《餐桌》的桌布摆饰与构思安排，想必有她的参与。

《餐桌》的构图看似平稳，典雅细致，但笔触已是印象派的技法，

---

① 卡米耶是她担任模特时使用的艺名。她的本名是卡洛琳·乔布罗（Caroline Joblaud），年幼时，随父母从外省来到巴黎。认识马蒂斯时，她才十九岁。

餐桌

法：*La Desserte* / 英：*The Dinner Table*

马蒂斯（Henri Matisse）油画

1896—1897，100 cm×131 cm

私人收藏（Private Collection）

完全不是出自莫罗的指导，也脱离了学院理论的典范。罗素的影响力，在这幅画穿透而出。亲友（包括卡米耶在内）多苦劝他别以《餐桌》作为叩关巴黎沙龙的赌注。但马蒂斯心意已决。果然，在沙龙展出后，此画受到无情的诋毁与冷落。

失望之余，通过亲戚介绍，马蒂斯带着《餐桌》拜会毕沙罗、德加等画家，想确认自己是否走在正确的道路上。结果，他们不仅给予马蒂斯温暖与肯定，还要他继续坚持下去，他才终于摆脱惶恐不安的情绪。

不过，他和卡米耶已渐行渐远。个中原因不见得是画家选择了人稀僻径，让她看不见康庄大道。过去几年，马蒂斯因为工作投入过深，压力持续积累，导致如影随形的失眠症状日益严重，精神处于亢奋、纤弱的两极；无论作画还是就寝，都忍受不了一丝声音，对个性同样刚烈、身边带着襁褓幼女的卡米耶来说，日子并不好过。

1897 年，夏季进入尾声，马蒂斯一人从布列塔尼回到巴黎，参加朋友的婚宴，卡米耶和女儿并未同行。在马蒂斯的作品中，《餐桌》留下卡米耶的最后身影。

在巴黎友人的婚礼上，担任伴郎的马蒂斯与伴娘阿梅莉·帕雷尔（Amélie Parayre）一见钟情。才刚结束一段关系的马蒂斯，担心阿梅莉不了解他的个性与画家生活的特质，过去与卡米耶所发生的冲突恐怕难以避免。他对她说："我由衷地爱你，但我更爱绘画！"[①] 三个多月后，两人成婚。

此时，马蒂斯告别的，不只是旧爱卡米耶；莫罗的画室他也待不下去了，因为巴黎沙龙已不再是他追寻荣耀的殿堂。

当初来到巴黎，他在画室精炼理论与技艺，继而借由卢浮宫的临摹，掌握了各种不同画派的作画技巧，并试着找寻适合自己的风格。后来，马蒂斯在布列塔尼遇见罗素，他发现被排斥于学院门外的印象派，绝非一般认知的随性涂鸦或即兴之作；它源自对自然的细腻观察，严谨的光线分析，巧妙的原色运用，以呈现个人感受的瞬间，产生凝视与回忆的效果。

现在，他接受毕沙罗——提携过无数前卫画家的印象派哲学家——

---

① Julian Barnes（Nov 29，1998）. A Love Affair with Color. *New York Time.*

的建议，与阿梅莉前往英国度蜜月，顺道研究前印象派画家透纳（J. M. W. Turner，1775—1851）的作品。

看过透纳的作品以后，他才发现，原来在印象派之前，透纳已经摆脱历史、哲学、宗教的上层结构，在强调形体（Form）写实、架构平衡、色彩协调的底层建构之外，着手描绘变化万千的光影和捉摸不定的气氛。

对马蒂斯来说，这趟旅程的意义在于——印象派的问世，不是历史的偶然转折，而是绘画艺术创新的延续进程；绘画的空间从室内延伸到户外；自古希腊古罗马、文艺复兴及新古典一脉相承的金字塔结构，转向大自然奥秘的学习；从着重形体形式与细腻色彩调和的学院美学，走向明色的并列运用，呈现当下瞬间的个人感受。

若从透纳算起，印象派已问世超过五十年；即便从莫奈开始，也已逾二十年。所以印象派体系已届完备，而即将成为典范。马蒂斯意识到，他得背向巴黎沙龙，否则终其一生将只是个走不出传统的画匠罢了。

他要远离传统，意味着必须开创自己的道路。但下一步是什么？他必然感到彷徨。他只有竭力吸收前卫艺术，融入它们的形式与方法，以俾站在巨人的肩膀上眺望远方。

婚后，马蒂斯时而效法塞尚的人物画，画出永恒苍劲感，如《男模特儿》（法：*Le serf* / 英：*Male Model*）；时而钟情于凡·高的热情表现，如《向日葵花瓶》（法：*Vase de tournesols* / 英：*Vase of Sunflowers*）；后来则亦步亦趋地参考西涅克的点画笔法，创作《奢华、宁静与享乐》①。除此之外，由于阿梅莉出生于图卢兹（Toulouse），让他有机会到南部旅行，接受南方阳光和风土的洗礼。因此，马蒂斯的绘画越来越能感受鲜明色彩的力量。

为了钻研后印象派，马蒂斯动用妻子的嫁妆购买塞尚的《三浴女》（法：*Trois baigneuses* / 英：*Three Bathers*，1879—1882）②，变卖她的结婚戒指，买高更的《别着栀子花的男孩》（法：*Jeune Homme a la fleur* / 英：*Young Tahitian*

① 《奢华、宁静与享乐》在独立沙龙展出后，由西涅克收购。
② 马蒂斯于 1899 年购买塞尚的《三浴女》，现存于巴黎小皇宫美术馆（Petit-Palasis）。

雨、蒸汽和速度——西部大铁路

英：*Rain，Steam and Speed –The Great Western Railway*

透纳（J.M.W. Turner）油画

1844，91 cm×121.8 cm

伦敦／国家美术馆（National Gallery，London）

Boy with a Tiaré Flower, 1891）[①] 和凡・高的素描草图；他也效法德加、高更动手做雕塑，进一步掌握人体的线条、形体与姿态。

这段蛰伏酝酿期可能比他想象的长。他的经济陷入困境，时而对自己独立探索的信心不够，希望重回美术学院和画室，但不是遭到驱逐，就是适应不良。妻子阿梅莉只得投入亲戚经营的衣帽店，帮忙家计。

经历几番徘徊，马蒂斯几无退路可走。支撑他的，可能是莫泊桑的一段话。他钟爱的小说家莫泊桑，曾写到向福楼拜请益的故事："我常去看他。他戏称我是他的弟子，代表他喜欢我吧！那七年，我写诗，写小说，甚至写糟透了的剧本，现在已不知去向。大师会毫无遗漏地阅读。然后，下个星期天，我们一块儿吃早餐，他会巨细靡遗道出他的看法和批评。最后，他总是以此结尾：'如果你有任何原创的东西，一定要使劲全力拿出来；如果没有，你要设法取得。'"莫泊桑在同一篇文章继续写道："才华是漫长的坚持。你想要表达的每件事，都必须经过反复思考，专注寻找别人尚未发现或表述的观点……就像要描述一场大火，平原上的一株树，都必须站在那火或树的前面，直到发现它们和其他的火和树完全不同为止。"[②] 马蒂斯别无选择，只有继续往原创的道路前行。

从结婚、离开莫罗的画室到现在，马蒂斯已摸索了七年。1905 年 5 月，年逾三十五岁的马蒂斯和小他十岁的德兰一起到科利尤尔（Collioure）作画。柯利尤尔位于地中海边，邻近西班牙边境。马蒂斯和德兰在巴黎的画室认识，当时德兰未满二十岁就展现过人的绘画天分。1901 年到 1904 年间，德兰中断学画去服役。

德兰退役后，马蒂斯说服德兰的父亲，让他放弃工程师的工作，专心作画。新生代的德兰，一开始就没包袱，朝着后印象派的风格作画。德兰在巴黎的室友——弗拉曼克——也穿插来回科利尤尔。弗拉曼克在 1901 年参观凡・高的回顾展时，感动莫名，直呼凡・高是他的艺术之父。

---

① 马蒂斯于 1899 年购买高更的《别着栀子花的男孩》。

② Clara Bell（Trans.）（2014）. Pierre and Jean（Preface: The Novel）. The University of Adelaide.（Guy de Maupassant，1888，Pierre et Jean）. Retrieved Nov 17，2015 from *https://ebooks.adelaide.edu.au/m/maupassant/guy/m45pa/preface.html.*

男模特儿

法：*Le serf* / 英：*Male Model*

马蒂斯（Henri Matisse）油画

1900，99.3 cm×72.7 cm

纽约 / 现代艺术博物馆（The Museum of Modern Art，New York）

向日葵花瓶

法：*Vase de tournesols* / 英：*Vase of Sunflowers*

马蒂斯（Henri Matisse）油画

1898—1899，46 cm×38 cm

圣彼得堡 / 埃米塔吉博物馆（Hermitage Museum，Saint Petersburg）

奢华、宁静与享乐

法：*Luxe，Calme et Volupté* / 英：*Luxury，Calm & Pleasure*

马蒂斯（Henri Matisse）油画

1904，98.5 cm×118.5 cm

巴黎 / 奥赛美术馆（Musée d'Orsay，Paris）

来科利尤尔之前，马蒂斯已彻底探索过修拉和西涅克的点画派技巧，认为点画派过于注重形体的塑造和结构的安排，很快就会走到极限。而德兰则受弗拉曼克的影响，延伸凡·高的风格，恣意挥洒热情的色彩，创造画面的颤动感。这些同伴对马蒂斯的画风产生了不小的影响。

在距离非洲不远的科利尤尔，终日白昼。“四处可见椰枣、香蕉、无花果，伴生着柳橙和柠檬。在春天的日子，包围城镇的石榴、桃花和樱花，群起盛开；城边的山上，绽放着日光兰；缓坡上，则布满苍翠的葡萄藤。整个镇就像一座山与海围起来的露天剧场。”① 或许，科利尤尔嘉年华式的色彩盛宴，给了马蒂斯灵感，让色彩凌驾形体，居于至高无上的地位。

《敞开的窗》象征科利尤尔缤纷色彩的凯旋高歌。但它的出现，并非单纯反映自然的观察。窗外的海洋，似乎与莫奈《日出·印象》的象征笔触类似，但色彩并非来自天空或海洋的观察。马蒂斯或许从高更学习到色彩不必对应自然的本色，可以展现强烈的主观色彩，就像粉紫的右墙对比青绿的左墙、绿色的藤蔓挨着红色的门框、粉红色的海洋等等。但马蒂斯不在物体或色块之间描上区隔的黑边，而是刻意让色彩直接碰撞并列；色彩虽然是唯一的主角，但他无意像凡·高或是高更，让色彩承载灵魂的激荡或哲学的反思等沉重角色。马蒂斯让色彩的拼贴表现，纯粹成为一种装饰，一种取悦的艺术。

从《敞开的窗》，我们以为已掌握马蒂斯新绘画方向的背景，了解他的创作概念。但《戴帽子的女人》却几乎将我们刚刚拼凑的逻辑推翻了大半，相信这也是秋季沙龙创办人——茹尔丹看到这些科利尤尔时期的作品所产生的困惑与忧虑。

他所预期的猛烈攻击，果然如漫天飞箭般急速穿射而来，《戴帽子的女人》成了众矢之的。有人认为这幅画简直是帆布上打翻色彩盘的涂鸦；有的戏称马蒂斯把调色盘当染房用，染工才是他的职业；尤有甚者，指责马蒂斯和画中的女人同是欺世盗名之徒，他要不是用这幅画羞辱她，就是做出损人不利己的愚蠢举动。反正，许多人认为“艺术家”本

---

① Hilary Spurling（1998）. The *Unknown Matisse: A Life of Henri Matisse : The Early Years*，*1869-1908*（p.299）. The University of California Press.

敞开的窗

法：*La Fenêtre ouverte* / 英：*The Open Window*

马蒂斯（Henri Matisse）油画

1905，55.3 cm×46 cm

华盛顿特区 / 国家艺廊（National Gallery of Art，Washington D.C）

戴帽子的女人

法：*La femme au chapeau* / 英：*Woman with a Hat*

马蒂斯（Henri Matisse）油画

1905，80.6 cm×59.7 cm

旧金山／旧金山现代艺术博物馆（San Francisco Museum of Modern Art, San Francisco）

来就没有羞耻心。

有关非艺术面的批评，尤其是“欺世盗名”的部分，要从画的女主角，马蒂斯的妻子阿梅莉说起。

阿梅莉的父亲阿尔芒·帕雷尔（Armand Parayre）原来是小学校长，一个热情的共和主义支持者。阿尔芒在图卢兹认识了大学教授古斯塔夫·安贝尔（Gustave Humbert）后，发现彼此气息相投，对于公平正义、监督政府和人权理念的伸张，抱有改革的理想。随着交情日深，阿尔芒受邀担任古斯塔夫儿子的家教。1875 年，古斯塔夫当选国会议员，阿尔芒追随他到巴黎。古斯塔夫的政治生涯一帆风顺，七年后（1882 年），成为第三共和国政府的司法部部长。阿尔芒则在一家报社担任编辑，除了在媒体界为古斯塔夫阵营发声外，还协助他儿子弗雷德里克·安贝尔（Frédéric Humbert）成功当选国会议员。此后，阿尔芒担任弗雷德里克的总管兼首席幕僚。

阿梅莉的母亲卡特琳·帕雷尔（Catherine Parayre），是一位活泼外向、气质出众的女性。她在 1871 年和阿尔芒结婚。当丈夫阿尔芒成为弗雷德里克的总管时，卡特琳也担任了弗雷德瑞克夫人——泰蕾兹·安贝尔（Thérèse Humbert）的总管。卡特琳原来在家乡时就认识小她八岁的泰蕾兹。泰蕾兹的背景扑朔迷离，发生在她身边的奇闻逸事不胜枚举。最为众人所知的是，某趟火车旅途中，泰蕾兹听见隔壁包厢的老翁呻吟，遂勇敢地爬出车厢外，再钻进包厢，把心脏病发的罗伯特·亨利·克劳福德（Robert Henry Crawford）救活。感激之余，拥有百万家产的美国富翁克劳福德立下遗嘱，要把遗产传给泰蕾兹的女儿。

安贝尔父子都位居高官，过着优渥的生活。泰蕾兹加入这个家庭后，凭着优异的社交能力，举办各式宴会与主题沙龙，法国总统、首相、部长、商业巨子和银行家等，都是经常受邀的座上宾。而负责筹办和接待的就是阿梅莉的母亲卡特琳。卡特琳所管辖的官邸人手超过二十人。

弗雷德里克与泰蕾兹夫妇的人际关系网绵密交织，影响力无远弗届。在外人眼中，安贝尔官邸不仅是觥筹交错、锦衣玉食的风花雪月之地，更潜藏无限的投资、投机与升迁的机会。最为人津津乐道的是，泰蕾兹有许多令人眼红的高报酬投资渠道，吸引外围的人争相前往“安贝尔宫廷”“朝拜”，设法搭上快速累积财富的顺风车。

1883年，一家报社爆料，指称泰蕾兹的百万遗产是虚构的骗局，她所吸引的资金多流入个人口袋，以支应奢华的开销。这时，美国克劳福德家族的后代突然现身提告，矢言争夺克劳福德遗产的继承权。泰蕾兹于是请出一位深孚众望的公证人，证明遗嘱的真实性，并将克劳福德的债券遗产封存在一个厚重的保险箱内，直到女儿成婚时，才能开箱继承。对于公众来说，争产事件足以证明遗产的真假。因此，接续而来的借贷与投资如滚雪球般越滚越大。安贝尔夫妇甚至设立了一家债券金融保险公司，处理投资与利息发放等事宜。

1901年，有人怀疑安贝尔家族的负债远远超过资产，开始要求还债。消息传开后，才发现有超过一万名债权人争相索债。为平息恐慌，官方不得不强制执行开箱查验遗产，但安贝尔夫妇已逃逸无踪。而担任看管责任的阿梅莉父母——也就是帕雷尔夫妇——连钥匙都找不到，因此被法院要求见证查验过程。

由于置放在楼上的保险箱经过特殊设计，尺寸比房门还大，工人只能从楼上卸除门窗，将保险箱移出来，垂降到地面。几个小时后，官方差来锁匠将保险箱撬开，发现里头只有一张旧报纸、一枚意大利铜板和一颗扣子。围观的群众为之哗然。在成千上万的受害者中，许多人毕生积蓄化为泡影，有的债权人悔恨自杀，安贝尔的部分亲戚因遭受不断羞辱或索债而自尽。受害人范围之广，涵盖法国上下各阶层。许多受牵连的上层人士，如官员、银行家、律师等，有的默默辞职，大多则是噤声不语，以免失了钱财还落得贪得无厌的骂名。毕竟，是什么样的鬼迷心窍，让人相信这虚无荒谬的谎言，失心疯地追逐年报酬率超过五成的债券利息？

阿梅莉的父母被眼前残酷荒谬的事实吓得目瞪口呆。他们的财产在一夕之间蒸发，夫妻落得帮凶的指控。他们从此受到警方和特务的监控，阿梅莉工作的衣帽店和马蒂斯的画室也都遭到搜索。1902年年底，法国警方在西班牙发现安贝尔夫妇的行踪，将他们从马德里押回巴黎。同时，阿梅莉的父亲也以涉案人的身份遭到逮捕，被收押监禁，以便进行侦讯与对质。

当审讯的内容揭开以后，大众才知道那位在火车上心脏病突发的克劳福德压根是个虚构人物，而当初从美国来打遗产官司的克劳福德后代，也是泰蕾兹一手策划的骗局，由她的两兄弟乔装扮演。司法调查发现，阿梅莉的父母的确自始至终蒙在鼓里，阿尔芒因而被释放。由于法国才刚经历过剧烈动荡的“德雷富斯事件”[①]，总理皮埃尔·瓦尔德克-卢梭（Pierre Waldeck-Rousseau，1846—1904）好不容易借由特赦德雷富斯拆除了法国分裂的引信。此时，他不乐见“安贝尔事件”燃烧过烈。若要厘清完整的案情，传唤所有涉案的债权人——包括政府官员、司法系统（古斯塔夫是司法部部长，弗雷德里克本人有律师资格）和国会议员等等，则恐怕会对脆弱的政权产生不可想象的冲击。因此，政府对此案采取速审速判的态度。法院将安贝尔夫妇判刑五年，并服劳役，“安贝尔事件”[②]的风波才逐渐平息。

在弊案爆发后的诉讼期间（1901—1903年），阿梅莉家人承受了极大的压力，他们所剩不多的财产遭到冻结，父母只能投靠在学校教书的幼女。阿梅莉的衣帽店不得不暂时关门，连着两个冬天，马蒂斯一家人回到波汉，住在公婆家里。马蒂斯的创作也几乎中断。

官司结束后，阿梅莉回到巴黎，继续经营衣帽店，马蒂斯也终于能够重拾画笔。

《戴帽子的女人》掀起大众对于“安贝尔事件”的惨痛记忆，但对马蒂斯来说，却是疗伤止痛的过程。虽然马蒂斯的作画理念不再强调上层结构的意识形态，不再“画以载道”，但毕竟经历过世纪大骗局的“安贝尔事件”之后，对创作产生若干激荡，也极其自然。在《戴帽子的女人》画中，画家着墨最多的是帽子、折扇和手套，这些是阿梅莉店里主要贩售的品项。这门生意曾经摇摇欲坠，如今是一家经济命脉之所系。画家特意为这三样东西涂上厚重的油彩，似乎象征帽子、折扇和手套是阿梅莉的防护盔甲，以抵御外界的攻击。但她终究无法完全闪躲，以致脸上仍显现受到摧残的痕迹。

纯粹从色彩艺术的方面来看，绿色是支配这幅画的主色调，甚至连阿梅莉的脸庞也有。论及绿色在肖像画的运用，首推塞尚。

---

① 有关“德雷富斯事件”的背景，请参阅本书第三章的《风起云涌的时代》。

② 有关“安贝尔事件”的背景资料，摘自 Hilary Spurling（1998）. *La Grande Thérèse: The Greatest Swindle of the Century*. Profile Books.

在塞尚的《自画像》中，我们看见他用绿色代替阴影，也象征人的阴郁气质。但阿梅莉脸上的绿，应非阴影。马蒂斯不再注重形体的塑造，因此，女人额头、鼻头和脸庞边的绿，并非人体肌肤的色彩对比，是强加上去，暗示外部事件造成的阴郁。

我想，马蒂斯想通过色彩诉说的是，尽管一路以来的横逆与踉跄，这女人用自己的本事，撑过滔天大浪，坚毅地活了下来，勇敢面对一切。

回到1905年的秋季沙龙。《戴帽子的女人》除了遭受美学上的批评，也勾起了人们对“安贝尔事件”的记忆，引发轩然大波，让阿梅莉不敢踏进展场。那段时间，家里收到一封电报，收藏家列奥·斯泰因愿意出三百法郎购买《戴帽子的女人》。但阿梅莉坚持以定价五百法郎售出。一开始，列奥·斯泰因和其他人一样，觉得这幅是“最胡乱涂鸦、令人不舒服的画”。[①] 他在《戴帽子的女人》画前徘徊了五个星期以后，和妹妹格特鲁德·斯泰因认定这幅画值五百法郎，决定购买，从此改变了斯泰因兄妹收藏绘画的方向。

---

① Janet C. Bishop，Cécile，Rebecca A. Rabinow（2011）. *The Steins Collect: Matisse*，*Picasso and the Parisian Avant-garde*（p.32）. San Francisco Museum of Modern Art，Grand Palais（Paris，France），Metropolitan Museum of Art（New York）.

自画像

英：*Self-portrait*

塞尚（Paul Gézanne）油画

1875，65 cm×54 cm

巴黎 / 奥赛美术馆（Musée d'Orsay，Paris）

乘势追击

就像当初"印象派"的标签是起于一个轻薄的批评，但印象派画家却欢迎这误打误撞、既响亮又好记的名称一样，马蒂斯等人同样喜欢"野兽派"的称呼。

野兽派虽未在秋季沙龙获得商业性的成功，但已在艺坛引起一股骚动。身为代表人物的马蒂斯，势必想在这新旧交错的混沌局势中，进一步巩固桥头堡，确立他在二十世纪艺术史上的先锋地位。

秋季沙龙结束后，他再接再厉，创作一幅历史画规格的大型作品《生之喜悦》。马蒂斯宣称，《生之喜悦》的灵感来自科利尤尔自给自足的富庶印象。

如果，他指的是受到科利尤尔的生活形态以及南方色彩的启发，的确毋庸置疑。然而，经过进一步研究，会发现《生之喜悦》的构图和巴洛克画家阿戈斯蒂诺·卡拉奇（Agostino Carracci，1557—1602）的《爱的黄金时代》[1]脱离不了干系。虽然两者有若干程度相似，但完全无损《生之喜悦》的艺术价值。

---

① 阿戈斯蒂诺·卡拉奇的《爱的黄金时代》是依据荷兰画家保罗·菲亚明戈（Paolo Fiammingo，1540—1596）的同名油画主题而作的。

生之喜悦

法：*Le bonheur de vivre* / 英：*The Joy of Life*

马蒂斯（Henri Matisse）油画

1905—1906，176.5 cm×240.7 cm

费城 / 巴恩斯基金会（Barnes Foundation，Philadelphia）

爱的黄金时代

意：*Reciproco Amore* / 英：*Love in the Golden Age*

阿戈斯蒂诺·卡拉奇（Agostino Carracci）版画

1589—1595，22.4 cm×29.9 cm

牛津 / 阿什莫林博物馆（Ashmolean Museum，Oxford）

《生之喜悦》的尺寸规格，可比拟马奈的《草地上的午餐》，或高更的《我们从哪里来？我们是什么？我们要往哪里去？》，显露马蒂斯强烈的企图心。一般艺术史家将此画归类为“野兽派”，取其以对立大胆的色彩，表达内心情感世界的特质。

然而，我们实在很难把《生之喜悦》、《敞开的窗》及《戴帽子的女人》等作品归为一类。《生之喜悦》的风格迥异之处，在于把线条与形体构造重现于画布上。马蒂斯这么做，很可能是在秋季沙龙引起话题后，乘势追击，更进一步将新的作品定位提高到与大师对话的高度。而我个人认为，《生之喜悦》诉诸的标的，指向塞尚的浴者系列。

以大自然为背景的浴者系列，是塞尚持续不断的创作主题。费城美术馆所收藏的《大浴女》，是系列中最大的一幅。塞尚耗时七年，至死（1906 年）仍未完成。马蒂斯未必看过这一幅画，但他在 1899 年就收购《三浴女》，长期仔细研究塞尚，并经常从塞尚的作品汲取创作灵感。由此观之，马蒂斯显然对塞尚浴者系列的创作精神与演变脉络极为熟稔。

塞尚所描绘的浴者，从早期展现浑厚粗犷、肌理清晰的个体，演化为克制个体的特征与情感，使人们沐浴在大自然的结构与氛围，整体融合一气。在《大浴女》中，塞尚把人体画成树干般的形状，将群体排列成三角形的稳定结构，建构永恒的存在感。

反观《生之喜悦》，马蒂斯欲传递迎接胜利的正面能量。此画除了以《爱的黄金时代》为参考结构外，色彩不再是基于自然的观察，而是情感的表达。从这点来说，高更带给他的启示更大。

再者，卢浮宫常年摆设的伊斯兰艺术品，也对他产生潜移默化的影响。伊斯兰艺术中有个经典的概念，称为阿拉伯式花纹（Arabesque）。这种花纹的图案，通常是以植物花瓣或树叶形状为基础，将之简化成几何图形。艺术家经常以瓷砖为材料，延伸拼贴重复或扩大的图案，形成无处不在、永恒存在的特色。我们在造访阿格拉的泰姬陵（Taj Mahal）、撒马尔罕的雷基斯坦广场（Registan）、西班牙的塞维亚王宫（Alcázares Reales de Sevilla），或是观察波斯地毯时，都可以发现阿拉伯式花纹的形式。即便是阿拉伯文字，也具有弯曲延伸的特色。阿拉伯字的毛笔书法，经常展现字体组合成动植物形体图案，或组织成一段诗词、格言，让文字与其意涵结合成一种图像象征的美。

大浴女

法：Les Grandes Baigneuses / 英：The Large Bathers

塞尚（Paul Cézanne）油画

1900—1906，210.5 cm×250.8 cm

费城 / 费城美术馆（Philadelphia Museum of Art, Philadelphia）

马蒂斯借鉴的手法，并非粗糙的移植，而是将树叶简化成一片叶子的图案，树木枝干化成弯曲延伸的线条，画中的人体曲线——无论是卧躺、吹奏音乐，还是拥抱爱抚的姿态，都呼应自然环境的线条延伸。最后，他效法高更，把草地、树木、人体等，个别涂上所欲传达的情感色彩。有别于先前典型野兽派的迸射泼洒，《生之喜悦》呈现幽静的和谐。通过《生之喜悦》，马蒂斯断然告别点画派的传承，决心走出属于自己的绘画艺术。

《生之喜悦》的出现，让西涅克气急败坏，身为点画派的掌门人，他一直很欣赏这个有潜力的年轻人。

两年前，西涅克邀请马蒂斯到蔚蓝海岸的圣特罗佩（St. Tropez），在他的别墅作画。《奢华、宁静与享乐》就是一幅向西涅克致意的作品。当这幅作品在西涅克所创办的独立沙龙展出时，主人自是大感欣慰，立刻出手购买。他也许想过马蒂斯将成为点画派的传人。如今，西涅克只有遭到背叛和羞辱的感觉，他对熟识的朋友发牢骚："到目前为止，我所欣赏的马蒂斯作品，似乎被狗吃了。在这两米半的画布上，他以拇指粗的线条，圈绕出怪异的人体，然后全面地平涂上色；无论这色彩多纯粹，看起来都令人作呕！"①

《生之喜悦》完成后，列奥·斯泰因就决定收购。依据双方的约定，这幅画先送 1906 年的独立沙龙展览，沙龙结束后一周，再移到斯泰因家，挂在最醒目的位置。来到斯泰因家访问的毕加索，在参观独立沙龙之后再次看见这幅作品，觉得心烦意乱，心想自己再不设法突破跃进，就要被马蒂斯远远抛在后面。

不料，马蒂斯连番出击，继《戴帽子的女人》和《生之喜悦》之后，他的新作《蓝色裸女》在第二年（1907 年）的独立沙龙展出，又掀起巨浪，冲击艺坛。斯泰因兄妹是这幅作品的当然买主。而再次受到震撼的毕加索，自忖只有奋力一搏，否则将淹没在马蒂斯不断引爆的洪流之中 。

在 1907 年的独立沙龙中，《蓝色裸女》是马蒂斯唯一送展的作品。

① Janet C. Bishop，Cécile，Rebecca A. Rabinow（2011）. *The Steins Collect: Matisse*，*Picasso and the Parisian Avant-garde*（p.38）. San Francisco Museum of Modern Art，Grand Palais（Paris，France），Metropolitan Museum of Art（New York，N.Y.）.

我认为，他昭然若揭的意图，是依循马奈《奥林匹亚》喧嚣崛起的模式，宣告马蒂斯时代的来临。

《蓝色裸女》的人体线条原始而豪迈，展现精壮结实的肌理，散发粗犷野性的气质；他运用蓝色的阴影，曳引蛊惑鬼魅的颤动，依稀可见塞尚早期裸画的精神。裸女背景的棕榈扇叶，点出此画的副标题——“纪念比斯克拉”。

比斯克拉地处阿尔及利亚撒哈拉沙漠边缘，马蒂斯曾在一趟追念德拉克鲁瓦的北非旅程中来到比斯克拉。他印象最深的，是城中四处可见的棕榈树。马蒂斯在画布上排列扇状的棕榈叶，除了唤起原始神秘的气氛，也呼应裸女身形的起伏。

《蓝色裸女》之所以引起争议，是因为其中强烈显现的雄性肌理特征。蓄着短发与充满肌肉的肢体，却挂上坚挺分立的乳房；其不男不女的诡异躯体，落得标新立异的矫情。有论者以为，《蓝色裸女》雌雄同体的灵感，可能融合来自高更的大溪地创作，以及马蒂斯非洲之行所吸收的原始艺术概念。

然而，就马蒂斯长期研究大师作品脉络来看，《蓝色裸女》最直接的参考对象应是米开朗琪罗的《夜》。马蒂斯的画室门口曾长期贴着《夜》的素描作品，他也希望自己能有“米开朗琪罗澄清而复杂的结构思想”[①]。

《夜》是米开朗琪罗为梅迪奇家族陵墓所雕刻的大理石像，属于《昼》《夜》《晨》《昏》系列中的作品。女人左腿膝盖下方的猫头鹰，象征夜晚；身体侧躺之下的面具，象征恶魔。米开朗琪罗借以隐喻：只有进入梦乡之时，挣扎恐惧之情才能消退。

米开朗琪罗作品的女性面庞细致典雅；但女人胴体则突兀地浮现阳刚线条，乳房像是事后想到才装上去的。对于这难以解释的现象，有一种说法是，米开朗琪罗对女人不感兴趣，即便是画女体，依然以男性躯体为本。从米开朗琪罗留下来有关《夜》的习作草图，发现确实是根据男性模特而作。难怪米开朗琪罗的裸女带有“英雄式的性

---

① （英）劳伦斯·高文:《马蒂斯》，罗竹茜译，远流出版社 1999 年版，第 54 页。（Lawrence Gowing，1979，*Matisse.*）

蓝色裸女

法：*Nu bleu*，*Souvenir de Biskra* / 英：*Blue Nude*，*Souvenir of Biskra*

马蒂斯（Henri Matisse）油画

1907，92.1 cm×140.3 cm

巴尔的摩 / 巴尔的摩美术馆（Baltimore Museum of Art，Baltimore）

夜

意: *Notte* / 英: *Night*

米开朗琪罗（Michelangelo）大理石雕像

1525—1531，155 cm×150 cm（身长 194 cm）

佛罗伦萨 / 圣罗伦佐教堂（Basilica di San Lorenzo，Firenze）

感”[①]，在阳刚与阴柔的两极，横生一种伟大女性特质的想象，连波德莱尔都不得不赞叹：

> 或是你啊，米开朗琪罗之女——伟大的《夜》，
> 你坦然地摆弄你那妖娆的身形
> 魅惑的姿态，正好与泰坦[②]的口味相应[③]。

因此，我推论，马蒂斯从塞尚的人物画得到粗犷线条的运用与明暗色彩的表现，从米开朗琪罗的雕塑得到雌雄同体的概念以及肢体挣扎的张力，然后运用野兽派强烈的对比色彩和磅礴流畅的笔触，创作出令人惊叹的《蓝色裸女》。

也许正因为马蒂斯站在艺术潮流的浪头，面对不可预知的未来，以致他的作品脉络似乎透露着摇摆不定的风格，一会儿将形体线条弃之不用，泼洒斑斓的色彩，形成装饰意象的主题，如《戴帽子的女人》；一会儿运用蜿蜒柔和的线条，萦绕出次序有致的色彩区块，奏出万物和谐的旋律，如《生之喜悦》；之后，蔓生几近粗暴线条的《蓝色裸女》。马蒂斯峰回路转的绘画风格，表明“野兽派”除了以鲜明的色彩来表达感受外，未能共生建构一个层次清晰、逻辑严密的论述，因此，当结构完整的立体派来势汹汹地集结成军后，野兽派便逐渐退散，成为绘画艺术的支流。

---

① （英）肯尼斯·克拉克：《裸艺术：探究完美形式》，吴玫、宁延明译，先觉出版公司 2004 年版，第 273 页。（Kenneth Clark，1956，*The Nude - A Study in Ideal Form.*）

② 根据伊迪丝·汉密尔顿（Edith Hamilton）所著《希腊罗马神话故事》（宋碧云译，志文出版社 1993 年版），泰坦（Titans）是宇宙创造了神祇之后的第一代神族。他们体形巨大，力量惊人；在其所处的年代，局势稳定，众神和平共处，有“黄金时代”之称。

③ （法）查尔斯·波德莱尔：《恶之花》，郭宏安译，新雨出版社 2012 年版，第 79 页。（Charles Baudelaire，1857，*Les Fleurs du mal.*）

收藏家外传

斯泰因兄妹

当马蒂斯领衔的野兽派成群出现时，艺坛的评价不一，市场风向未明，销路不稳定，画家的工作几乎难以为继。此时，旅居巴黎的外籍人士，可能因为文化包袱少，对新事物的接纳程度高，成为马蒂斯及野兽派的守护天使，是拥抱二十世纪法国艺术的先锋。其中，最负盛名的当属来自旧金山的斯泰因兄妹。他们独具慧眼，在十八个月内接连购入马蒂斯最受争议的《戴帽子的女人》、《生之喜悦》和《蓝色裸女》等作品，悬挂在他们巴黎的寓所。

这些画，对毕加索形成莫大的刺激与追求突破的动力，也让其他来访的欧美亲友，包括慕名前来的俄罗斯富商巨贾，开始接触马蒂斯的绘画，进而为马蒂斯打开美国和俄罗斯的广大市场。

1904 年到巴黎定居的迈克尔与萨拉（Michael Stein & Sarah Stein），是斯泰因家族的大哥与大嫂，受到弟弟妹妹的怂恿与鼓励，从旧金山移居到艺术之都。《蓝色裸女》是列奥与格特鲁德所购买的最后一幅马蒂斯作品，迈克尔与萨拉不只接棒赞助，更以推广马蒂斯艺术为终身职业。

在 1906 年秋季沙龙展览期间，列奥已经预购《生之喜悦》，待画展结束，就可迎接作品回家，增添典藏的丰采。然而，4 月 18 日，旧金山发生有史以来灾情最严重的地震，约有八成的房屋在地震中倒塌，或在随后引发的全城大火中焚毁，总计逾三千人丧命，金融市场也因此产生剧烈的动荡。当时，靠房产作为收入来源的斯泰因兄妹与美国的联系中断，财源也受到影响，以致秋季沙龙结束，《生之喜悦》移回寓所几个月后，列奥还迟迟无法付款给马蒂斯。

家族年纪最长的迈克尔夫妇仓促收拾行李，返美了解家产状况。即便面临重大灾变，夫妇俩仍携带了几幅马蒂斯的作品，欲介绍给美国的亲友。为了避免海关拦检课税，两人合演了一出戏——

“迈克尔刻意告诉官员，马蒂斯是全世界最伟大的画家，作品无价。接着，萨拉踱步到先生的背后，作势指着他的头，然后怏然不悦拍拍自己的额头！”[①] 暗示丈夫的脑袋有问题，海关于是只好无奈放他们通行。

这趟旅程，他们发现财产几乎完好无损，乐得与朋友分享最前卫的法国作品。

两个斯泰因家庭的巴黎寓所，比邻而居，收藏有大量的艺术品，包括中国瓷器、日本浮世绘、波斯挂毯和法国的绘画与雕塑。他们也举办艺术沙龙，与好友交流对艺术的看法。相较于法国当代收藏家的品味，斯泰因兄妹通常站在艺坛潮流的最前沿。

斯泰因家庭有位常客是顶尖的时装摄影师爱德华·史泰钦（Edward Steinchen，1879—1973）。他注意到，萨拉只买马蒂斯的画。通过萨拉，他也认识了马蒂斯，并造访了其画室。1908 年，史泰钦促成马蒂斯作品在美国（纽约第五大道）的首次个展。但马蒂斯的名声迟至五年后才在美国本土引起广泛的注意。

美国现代艺术知名的策展人沃尔特·保奇（Walter Pach）原本就在斯泰因家看过马蒂斯的画，但并没有留下深刻的印象。1907 年，他和

---

① Janet C. Bishop，Cécile，Rebecca A. Rabinow（2011）. *The Steins Collect: Matisse，Picasso and the Parisian Avant-garde*（p.131）. San Francisco Museum of Modern Art，Grand Palais（Paris，France），Metropolitan Museum of Art（New York）.

迈克尔夫妇共游意大利。旅途中，他们谈的净是马蒂斯的画。1913年，沃尔特策划了美国史上规模最大的“国际现代艺术展”（The International Exhibition of Modern Art）。超过一千三百件的作品中，约有三分之一来自欧洲，包括印象派（如毕沙罗、莫奈、雷诺瓦）、后印象派（如塞尚、修拉、凡·高、高更）、野兽派（以马蒂斯为主）和立体派（如毕加索、杜尚）的作品。

“国际现代艺术展”的第一站，在纽约的第六十九兵团军械库[①]举行，后人多以“军械库展览”（The Armory Show）来称呼这场具有历史意义的艺展。展览会场的所在地，引发讥讽的联想：“军械库展览”就像是欧洲前卫艺术家点燃美国本土火药库的引线。

美国前总统老罗斯福（Theodore Roosevelt，1858—1919）参观以后，以《一个外行人的看法》为题，投书媒体。他写道：

> 最近的国际现代艺术展值得我们注意。策展的目的是让美国人了解欧洲“现代”艺术的样貌和影响力，其用意甚佳……但这不代表我接受这些极端主义者的作品。没错！诚如这些极端主义的倡议者所言：没有改变，就没有生命；没有改变，就没有发展；惧怕不同，惧怕改变，就是惧怕生命。然而，我必须说，这种改变也可能意味着死亡，而不是生命；意味着退化，而不是发展……成千上万的人付了点钱，来看假的美人鱼，然后一些人还竟然花钱买立体派的作品，或奇形怪状的裸女画，它们从头到尾都是令人厌恶的东西。[②]

之后，展览移师芝加哥艺术学院。激情的学生制作《蓝色裸女》的纸糊像，在示威抗议中纵火燃烧；伊利诺伊州州长控诉部分作品有伤风败俗的嫌疑，下令逐件检查，判断充斥其中的裸体像是否为“假艺术，真色情”，违反了美国法令。最后，展览移到波士顿的卡普力协会（The Copley Society of Art）举行。因为空间不足，美国艺术家的作品被排

---

① 第六十九兵团军械库位于曼哈顿莱克星顿大道（Lexington Avenue），因占地广阔，经常成为借展的场所。

② Theodore Roosevelt（Mar 29，1913）. A Layman’s view of an Art Exhibition. *Outlook.* Retrieved Nov 17，2015 from *http://historymatters.gmu.edu/d/5565/.*

除在外。

一共为期三个月的巡回展，引发硝烟四起的论战，也带来空前的人潮，超过五十万人次买票参观。这项展览剧烈冲击美国的艺术创作者，他们不禁质疑过去的养成教育与传统，反思独立创作的价值与意义，进而开启美国新一代艺术创作的风潮。

史楚金与莫洛佐夫

《蓝色裸女》之后，列奥与格特鲁德没再购买马蒂斯的作品，一方面，他们的目光转向毕加索；另一方面，马蒂斯的作品越来越贵，很难下手。关于后者，来自莫斯科的谢尔盖·史楚金（Sergei Shchukin，1854—1936）扮演了推波助澜的角色。

史楚金家世显赫，经过数代的经商累积，到了谢尔盖这一代，已成为俄罗斯的望族巨室，他本人经营规模庞大的纺织事业。由于市场拓展的需要，他经常往返巴黎与莫斯科。十九世纪末期，他开始收藏莫奈的画；约自 1904 年起，他注意到塞尚、凡·高和高更；马蒂斯曾亲眼看见史楚金一口气买下十一幅高更的作品。[①]1906 年，史楚金已拥有几幅马蒂斯的作品，但还谈不上有系统地收藏。当史楚金在斯泰因家看到《生之喜悦》时，开始有了不同的想法。

彼时，史楚金的家人接二连三地发生憾事。首先是他十多岁的儿子在 1905 年投河自尽；一年多之后，妻子突然猝死；1908 年初，他的弟弟和幼子相继自杀。这一连串的悲剧，对史楚金影响甚大。不久以后，他打开寓所大门，开放民众免费参观艺术品；同时立下遗嘱，死后将所有收藏赠予亲戚所设立的美术馆，以便永久保存，供世人欣赏；至于个人收藏的方向，则开始转向在世的艺术家。[②] 至于史楚金何以独钟马蒂

① 继 1903 年之后，1906 年的秋季沙龙扩大举办高更的作品回顾展，计有二百二十七件作品展出，涵盖草图、素描、水彩、油画、陶艺及雕刻等。在那之后，马蒂斯在一家画廊看见史楚金购买十一幅高更的作品。Hilary Spurling. *The Unknown Matisse: A Life of Henri Matisse : The Early Years*，*1869-1908*（p. 371），The University of California Press.

② Albert Kostenevich，Sergei Shchukin and Others. Hermitage Amsterdam. Retrieved Nov 17，2015 from *https://www.hermitage.nl/en/tentoonstellingen/matisse_tot_malevich/achtergrond-sjtsjoekin.htm.*

斯，有一段传奇的背景。[1]

妻子去世后，史楚金独自赴埃及旅行，在西奈半岛荒漠的一间僧院待了下来。他遇见一位年轻的僧侣，自行研磨颜料，临摹钉在天花板上的一幅马蒂斯的复制画，令他大感惊讶，他觉得这是一种召唤，预示他未来收藏的方向。回到巴黎以后，史楚金造访马蒂斯的画室，两人开始建立深厚的友谊，长达数年的委托作画也就此展开。

史楚金寓所的餐厅悬挂十六幅高更的画，墙面充满人体肤色与大地的黄色调。1908 年春，他请马蒂斯画一幅蓝色的静物画，打算将来悬挂在餐厅，以便和高更的画产生活泼的对比。然而，作品完成时，整幅画竟变成红色。

《红色的和谐》秉持野兽派一贯的强烈对比色彩：红与绿、黄与蓝、黑与白。绘画的主题，是马蒂斯一生创作中不断出现的“餐桌”与“窗外”的延伸；绘画的形式则与 1897 年的《餐桌》和 1905 年的《敞开的窗》相去甚远。马蒂斯刻意压平整个画面，他对于空间感的暗示，仅运用聊备一格、粗具透视意象的窗框和木椅。在餐厅内，他安排身着黑上衣白裙的女人兀自在角落摆盘。似乎就在女士闭目的那一刻，象征无所不在的阿拉伯纹饰在室内无限蔓延，像万花筒般展开，呈现饶富生趣的装饰感。

史楚金对于这幅与预期落差甚大的作品毫无怨言。他充分信任马蒂斯的决定。只是，这幅画不能和高更的画比邻陈列。最后，史楚金将《红色的和谐》悬挂在前厅，成为访客所见的第一幅作品。

1909 年，史楚金委托马蒂斯创作更大型的作品——《舞蹈》和《音乐》。

尽管埃米塔吉博物馆的珍贵收藏琳琅满目，在偌大的空间来回参观，访客可能会感到疲惫晕眩，对眼前的艺术品渐感麻木。但是走进《舞蹈》展示间的访客，却很少不会感到震撼与动容；无论圣彼得堡的寒风如何冷冽，我们的心头都会响起震动的鼓声，随之堕入《舞蹈》的壮阔世界里。

马蒂斯接到这项委托时，他和史楚金都已在毕加索画室看过《亚威

---

① Hilary Spurling (1998) . *The Unknown Matisse: A Life of Henri Matisse : The Early Years, 1869-1908* (p.412) . The University of California Press.

红色的和谐（又称红色的房间）

法：*La Desserte rouge* / 英：*The Dessert: Harmony in Red or The Red Room*

马蒂斯（Henri Matisse）油画

1908，180 cm×220 cm

圣彼得堡 / 埃米塔吉博物馆（Hermitage Museum，Saint Petersburg）

舞蹈

法：*La Danse* / 英：*The Dance*

马蒂斯（Henri Matisse）油画

1910，260 cm×391 cm

圣彼得堡 / 埃米塔吉博物馆（Hermitage Museum，Saint Petersburg）

农少女》（法：*Les Demoiselles d'Avignon* / 英：*The Young Ladies of Avignon*）[①]。虽然毕加索还不敢公开展出，而众人也可能无法理解其价值所在，但这幅作品对立体主义的启发，对绘画艺术将要产生的冲击—非人性面的温度、立体突兀的剖面和极具挑衅的画面—马蒂斯恐怕心知肚明。因此，通过《舞蹈》的历史画规格创作来展现野兽派的优越性，是马蒂斯不可言喻的企图心。

《舞蹈》的画面极为简约——这是马蒂斯创作历程的重大转变。简约的部分包括：事物的线条，立体空间的平面化，甚至不刻意修饰的毛边与未涂满的色料。尤其，《舞蹈》只运用三个颜色：红、蓝、绿，代表马蒂斯欲将色彩的地位推到至高无上的企图心。这种简约，是马蒂斯搜索枯肠、殚精竭虑后所获得的结晶，与毕加索立体主义的对阵意味相当浓厚。

《舞蹈》的构图，来自《生之喜悦》画面上远方的舞者。舞者胴体的颜色，应是来自高更作品《消遣》的灵感。他将如赤陶土般的红，应用在舞动的人体上，产生神秘而热情的律动感。人体的线条，似古希腊罗马人体的健美，却跳着非洲原野的舞姿，散发着既古典又原始的氛围。

作为姊妹画作的《音乐》，除了基本色调与《舞蹈》一致，马蒂斯刻意排除精练结实的线条，反向呈现童稚随性的笔触，将充满肌肉张力的女性胴体转换为轻松柔和的男性躯体（男性生殖器的特征略而不显）；原先以粗重暗褐色线条描边的人体，转化为即兴式的、似细炭笔朴拙描过的草图；主题《音乐》的表现，除了左侧的演奏者外，只能从画面人物的参差排列，以比拟上下音符的形式，才隐约看得出来。

我想，马蒂斯运用表面看起来最简单、最低限度的笔触以及极度克制的技巧来作画，展现了他对这幅画的基本态度：他的目的在于价值的彰显，而非线条技艺的展现；他沟通的终极价值在于，色彩本身就有意义；色彩呈现的对比以及平涂刷过色彩所呈现的视觉流动，就如同看不见的牧歌乐音在耳际流过一样，我们无须刻意学习乐理才能理解，无须

① Jones Jonathan（Jan 17, 2008）. Why this is the most beautiful modern painting in the world. *The Guardian*.

音乐

法: *La Musique* / 英: *Music*

马蒂斯（Henri Matisse）油画

1910，260 cm×389 cm

圣彼得堡 / 埃米塔吉博物馆（Hermitage Museum，Saint Petersburg）

肃穆虔诚地聆赏以钻研深层的意义。因为聆听牧歌的人，会无所防备地让乐符敲动我们的心弦，抒发再真实不过的个人感受。

《舞蹈》与《音乐》的对比，具体而微地展现了马蒂斯一生不断重复出现的创作基调——他朝着一个方向努力突破之后，便着手对立面的尝试，企图统整全面性的论述。例如《舞蹈》的舞者，围出一个观者俯视的椭圆动态空间，而《音乐》则诉诸观者与演奏者平面直视的静态互动；前者琢磨出潇洒浑厚的线条，后者则显露质朴随意的勾勒。这也反映出马蒂斯瞻前顾后、追求完美的谨慎个性。

峰回路转

对于艺术史家来说，毕加索的《亚威农少女》是立体主义的先锋。他在 1907 年完成这幅画时，担心其形式与内涵无法为世人理解，一直未公之于世。只有少数的友人，如斯泰因兄妹、马蒂斯、史楚金等人看过。有论者认为，马蒂斯的《蓝色裸女》和《舞蹈》是对《亚威农的少女》的回应之作，但当时毕加索尚未形成严重威胁，马蒂斯的画风并未改弦易辙。

到了 1911 年的秋季沙龙，立体派声势浩大，震撼艺坛。《纽约时报》以耸动的标题——“立体主义在巴黎秋季沙龙独领风骚，极端画派意图成为当代艺展的时尚指标”[①]，专文介绍立体主义，并附上毕加索的照片，形容这位当代“最狂放不羁的野人”[②] 将继马蒂斯之后，主导巴黎艺术的潮流。相信马蒂斯对此时代浪涛的冲刷，了然于心。于是，在那之后的五年间，他的诸多作品可视为对立体主义的积极回应。《红色画室》可以说是一连串行动的首部曲。

《红色画室》以暗红色铺满室内空间的做法，想必与《红色的和谐》

① The “Cubists” Dominate Paris’ Fall Salon（Oct 8，1911）. *New York Times*.

② 原文是：Picasso，wildest of wild men。

红色画室

法：*L'Atelier rouge* / 英：*The Red Studio*

马蒂斯（Henri Matisse）油画

1911，181 cm×219 cm

纽约 / 现代艺术博物馆（The Museum of Modern Art，New York）

的成功实验有关。红色象征对艺术、色彩的热情，让室内空间扩展丰沛能量的想象，这是马蒂斯风格的延续。然而，从构图的空间来看，我认为他回应立体主义的方式，并非与之正面对决（毕竟他在前卫艺术的地位已俨然有成），而是与立体主义的精神源头对话，同时也是向创作历程中不断学习的对象致敬，那就是塞尚的《丘比特石膏像与静物》。

在《丘比特石膏像与静物》中，塞尚以类似无重力飘浮的概念，从各个角度俯视丘比特和窄小空间的事物。在技法上，他刻意压缩空间的透视感，以至产生空间的扭曲和苹果、洋葱散落的不稳定状态。马蒂斯在《红色画室》的空间处理不若塞尚激进，这和他极为重视和谐的结构及画面的装饰性有关。

从画面左下的桌子形状来看，俯视的角度位于画的左后上方；但是画面右下的椅子，却是从右后上方俯视。因此，《红色画室》同样呈现扭曲变形的空间。不过，不同于塞尚重视实物存在感，《红色画室》里，除了马蒂斯自己的画、画框、雕塑品、经常入画的花瓶，以模拟实体的画面呈现外，其他家具则多仅以描边的线条构成，仿佛是透明、非实质存在的物体。

再近身仔细观察，这些家具的描线——有白色、黄色、蓝色、绿色等，并非画在事先涂满红色颜料的背景上，而是他在未上色的帆布上先行勾勒的，然后，他再小心翼翼地在描线外的画布上涂上红色颜料。马蒂斯这么大费周章的目的为何？其一，可能是创造类似地毯质感的画面。伊斯兰地毯一向是他偏爱的收藏品，也是他作画灵感的来源之一；其二，是产生空间的虚幻飘浮感，这似乎有点嘲弄立体派过分强调呈现空间剖面的非人性感受。不过，马蒂斯接下来的许多作品，强调几何线条的语汇，并运用些许立体主义的表现手法。《钢琴课》是其中的代表作。

《钢琴课》描绘他的幼子皮埃尔（Pierre Matisse，1900—1989）练习钢琴的情景。其实，马蒂斯作此画时，皮埃尔已被征调入伍，参加第一次世界大战。因此，《钢琴课》代表着马蒂斯对儿子童年模样的追忆。

战后，皮埃尔到美国发展，成为活跃于纽约的艺廊经纪人。他的角色一如当初帮助父亲的策展人，将许多欧洲及美加地区的年轻艺术家介绍给大众，对现代艺术的发展卓有贡献。马蒂斯——当然也是艺廊代理

钢琴课

法：*La leçon de piano* / 英：*The Piano Lesson*

马蒂斯（Henri Matisse）油画

1916，245 cm×213 cm

纽约 / 现代艺术博物馆（The Museum of Modern Art，New York）

的画家之一，对皮埃尔的起步很有帮助。

在《钢琴课》里，灰色成为主调，传递小朋友视习琴为畏途所生的抗拒与忧郁感。儿子后面，高脚椅上的女士，似乎是监督他的钢琴老师；钢琴边的裸体雕塑，慵懒自在地凝视这严肃寂寥的场景，有几分嘲弄的意味。

画里的两个女性人物，均取自马蒂斯的作品：一是油画《高凳上的女人》①，一是他经常创作的裸女雕塑题材。皮埃尔脸上凸出的角锥形，是立体派的表现特征，或可解读为注视乐谱的状态。窗户边的绿色梯形色块象征外面的草皮，呈现户外世界的美好。至于钢琴上的蜡烛，代表天色暗沉，需要烛光辅助，也连接灰色调性的合理性。整幅画呈现简单的几何构成，严密的隐喻安排，轻轻流泻个人情感。

1917年以后，马蒂斯渐渐不再回应立体主义，而是回到和谐、欢乐、装饰的风格。《音乐课》或可视为与立体主义的道别之作。

《音乐课》回到现实的图像，恰恰帮助我们了解抽象概念的《钢琴课》画面元素。《音乐课》的温馨气氛与浓厚的装饰笔触，反映昔日美好的家庭生活，同时也把画家的作品带回前野兽派的风格。

两相比较，我个人觉得《钢琴课》的成就更为突出。虽然几何线条的画面构成并非马蒂斯擅长的创作风格，但这幅作品优异的平衡配色与平涂方式；弯曲蜿蜒的图案从钢琴谱架延伸到阳台，展现阿拉伯纹饰的应用；苍白少年心情映照的布局也处理得极为细致，让我们强烈感受到属于马蒂斯的创作印记。只是，立体主义的方向和韵味，或许始终唤不起他的热情。于是，在《钢琴课》之后，他挥别立体主义的试验，回到自己熟悉的领域。

---

① 《高凳上的女人》（法：*Femme au tabouret* / 英：*Woman on a High Stool* ）（1914，147 cm×95.5 cm）藏于纽约现代艺术博物馆（The Museum of Modern Art，New York）。

音乐课

法：*La lecon de musique* / 英：*The Music Lesson*

马蒂斯（Henri Matisse）油画

1917，245.1 cm×210.8 cm

费城 / 巴恩斯基金会（The Barnes Foundation，Philadelphia）

装点新世界

裸体与装饰

1920年以后的十多年间，马蒂斯的油画，以装饰性图案为背景的女性人体画为最大宗。裸露的女体，多以挑逗撩人的姿态出现，引起论者的批评，谓其对女性尊重不足，内含的情感深度有限，减损其艺术价值的层次与高度。

马蒂斯的宫女系列，有相当程度是受到德加浴女系列作品的启发。德加以窥视的角度，发掘各种私密的浴女胴体姿态，展现前所未见的裸体美学。而马蒂斯的裸女，则在色彩泛滥的装饰背景下，毫不避讳地出现在厅堂之中，让她们成为装饰构成的一部分。《以装饰图案为背景的人体》可以说是这个概念的典型。

在《以装饰图案为背景的人体》中，令人眼花缭乱的花纹图案由壁纸、地毯、坐垫、饰布、洛可可饰镜、盆栽和水果盘七种物件构成，竞相争夺观者的目光。然而，它们不会令人有头晕目眩的俗丽感，反而呈现争奇斗艳、欣欣向荣的节庆气氛。马蒂斯之所以能够神乎其神地收服这些令人眼花缭乱的图案，主要是由于明色的交错运用、阿拉伯纹饰的延伸效果、织物与地毯的质感处理，以及几何花边的分隔。此外，盆栽

以装饰图案为背景的人体

法: *Figure décorative sur fond ornemental*

英: *Decorative Figure on an Ornamental Background*

马蒂斯（Henri Matisse）油画

1926，130 cm×98 cm

巴黎 / 蓬皮杜中心 / 国家现代美术馆（Musée National d' Art Moderne，Centre Georges Pompidou，Paris）

与水果盘的置入，在平面的画布上产生立体空间的视觉效果，不致产生混乱失序的画面。最后，画中裸女形体更有别出心裁的安排。她僵直的背与厚实的左腿，形成 90 度的直角，确立空间的存在感；发光的人体稳定整个画面，使这色彩缤纷的画面构成不会分散失控。

马蒂斯设计的花纹图案，活泼奔放大气。二十世纪的设计师，如伊夫·圣·罗兰（Yves Saint Laurent）、保罗·史密斯（Paul Smith），都从马蒂斯的作品获得重要灵感。我们可以在他们的时装和配件设计中，看见马蒂斯野兽派装饰风格的元素。

剪纸艺术与装饰

1930 年起，陪马蒂斯走过三十多个寒暑的妻子阿梅莉身体渐渐虚弱，难以兼管丈夫的经纪、支援创作的需求及家务的处理等事务。夫妻俩找来一位二十岁的女生，来自西伯利亚的莉迪娅·德雷克托斯卡亚（Lydia Delectorskaya，一般称呼她为“莉迪娅女士”），担任助理。

自幼失怙的莉迪娅，随姑姑到法国。年纪轻轻的她，离过婚，与一个男人同居，平日四处接临时演员、模特及舞者等工作维持生计。1932 年到 1933 年，她协助马蒂斯完成一幅由费城巴恩斯基金会委托的大型壁画《舞者》，获得五百法郎的酬劳。不料这笔数额不小的外快竟被男友拿去赌场下注，一夜花光，男友也从此消失无踪。①

莉迪娅不仅能力极强，她金发碧眼、皮肤白皙的冰山美人外貌，也格外引人注目。自 1935 年起的四年间，她成为马蒂斯唯一的模特，其中当然包括裸体画。

阿梅莉本来对于丈夫的裸体模特见怪不怪，但莉迪娅竟能包办私人助理、家务总管到作品经纪等所有事务，对自己产生极大的威胁。当阿梅莉身体好转后，她要求马蒂斯在莉迪娅和自己两人之间作抉择。马蒂斯选择了妻子，莉迪娅只好黯然离开。然而，夫妻之间的裂痕难以修复。1939 年，阿梅莉搬离寓所，并正式提议离婚。

---

① Graham Watt（Aug 1，2010）. Lydia Delectorskaya. *British Journal of General Practice*.

莉迪娅遭到解聘后，顿失生活来源，想不开，持枪朝胸口自尽，幸未造成致命的伤害。马蒂斯离婚后，迅即请她回来，延续两人的伙伴关系。

过了七十岁，马蒂斯因罹患十二指肠癌及其他疾病而不良于行，不便进行油画、雕塑等需要肢体灵巧且耗费体力的创作。但他很快找到一种新的创作方式——剪纸，让他的艺术创作生命得以延续，甚至展开一段丰盛的创作时期。莉迪娅在这一过程中，扮演着不可或缺的推手。

1952 年的某个夏天早上，马蒂斯告诉莉迪娅，他想去看潜水。他们到了坎城一处很受欢迎的游泳池，在炙热的阳光下，晒了一整天。回到尼斯的住所，马蒂斯说："我要在家里盖一座游泳池！"①

对于常靠轮椅活动的马蒂斯来说，只要一只剪刀在手，创作的能量就源源不绝，毫不受到限制。剪纸与浮贴呈现的艺术视觉效果，正是他长期致力于色彩的对比、采用朴拙童真的轮廓（或笔触），以及通过雕塑呈现的原始手感，最终所获得的最佳综合表现媒材。此外，纸片弯曲的弹性、剪纸图案的图腾化意象以及图像免于画框的限制，让剪纸产生自由奔放、无拘无束的想象。再者，剪纸浮贴在铺底的壁纸之上，更有类浮雕的视觉效果。

马蒂斯以横向展开的壁纸，作为透视泳池的水中世界，让泳者浮潜翻腾的姿态，传神地跃然纸上。他发挥无边的想象力，在泳池里，水母、贝壳、海星和其他海洋生物悠游其中，好一幅洋溢生趣与活力的装饰艺术。

在莉迪娅协助马蒂斯完成的诸多作品中，旺斯教堂是集合马蒂斯天

---

① Henri Matisse，the Cut-Outs: The Swimming Pool. Late summer 1952. Maquette for ceramic（realized 1999 and 2005）. Gouache on paper，cut and pasted，on painted paper，overall 73"×647"（185.4 cm×1643.3 cm）. Installed as nine panels in two parts on burlap-covered walls 136"（345.4 cm）high. Frieze installed at a height of 65"（165 cm）. The Museum of Modern Art，New York. Mrs Bernard F. Gimbel Fund，1975. Conservation was made possible by the Bank of America Art Conservation Project.The Museum of Modern Art，New York. Retrieved Nov 17，2015 from *https://www.moma.org/interactives/exhibitions/2014/matisse/the-swimming-pool.html*

游泳池（局部）

法：*La piscine* / 英：*The Swimming Pool*

马蒂斯（Henri Matisse）剪纸作品

1952，185.4 cm×1643.3 cm

纽约 / 现代艺术博物馆（The Museum of Modern Art，New York）

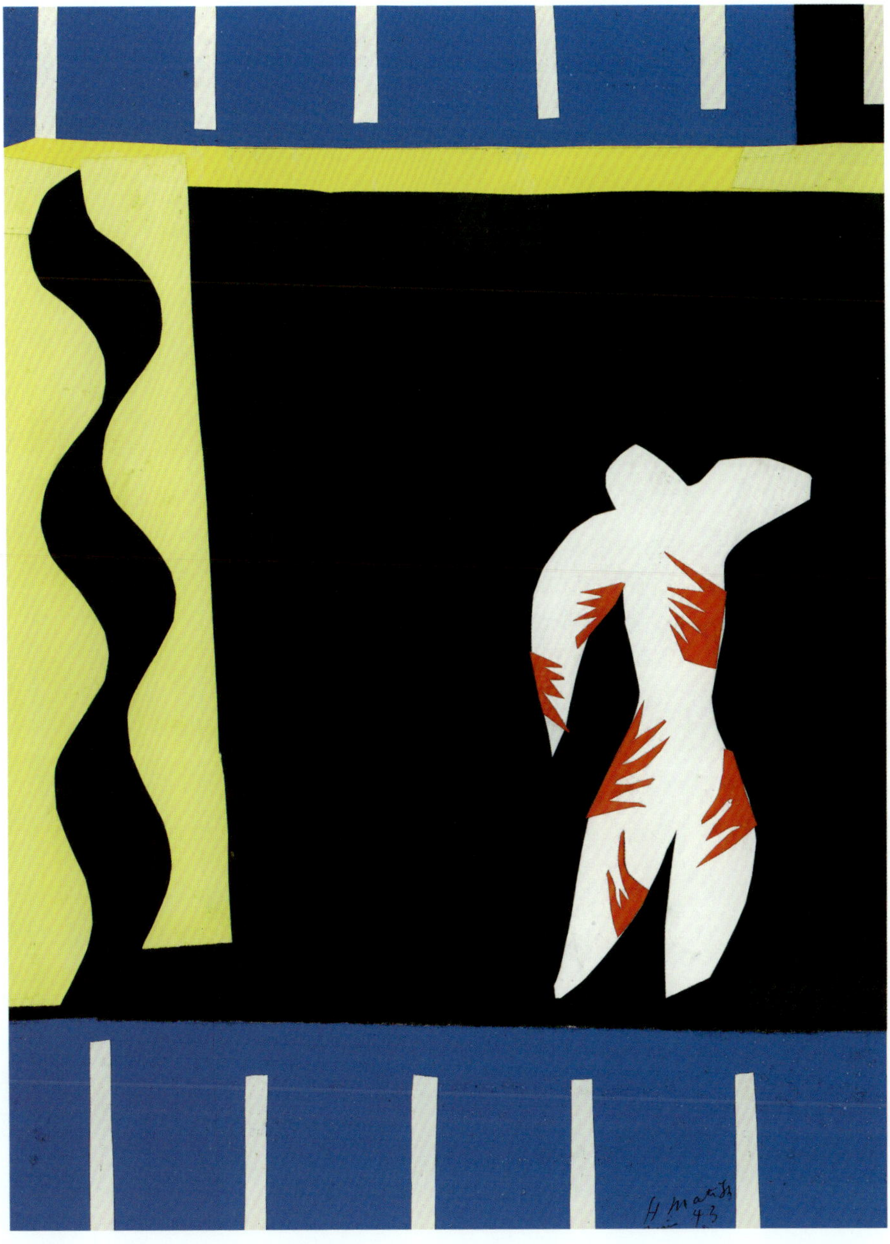

小丑

法：*Le Clown* / 英：*The Clown*

马蒂斯（Henri Matisse）剪纸作品

1943，67.2 cm×50.7 cm

巴黎 / 蓬皮杜中心 / 国家现代美术馆艺术文化中心

（Musée National d' Art Moderne，Centre Georges Pompidou，Paris）

蓝色裸体一

法：*Nu bleu I* / 英：*Blue Nude I*

马蒂斯（Henri Matisse）剪纸作品

1952，106.3 cm×78 cm

瑞士 / 贝耶勒基金会（Fondation Beyeler，Switzerland）

分、才华与热情于一体的璀璨之作。

1941 年，七十一岁的马蒂斯刚动完十二指肠癌手术，整日卧床休养。他登了广告，征求“年轻貌美的夜间护士”。二十一岁的护士莫妮克·布儒瓦（Monique Bourgeios）前来应征。莫妮克除了拥有高雅优美的体态，还有稚气率直的个性和画画的嗜好，从而轻易虏获了马蒂斯的心。她除了照顾马蒂斯，还担任他的模特。但不久之后，他们因为战争而分开。

1943 年，莫妮克罹患肺结核，疗养期间，她被送到旺斯一所天主教疗养院，接受道明会①的照顾。同年，为了躲避战机空袭，马蒂斯也从尼斯（Nice）搬到西边三十公里外的旺斯。两人重逢后，她继续担任马蒂斯的模特。

1946 年的某一天，莫妮克告诉马蒂斯，她听见主的召唤，决定终身奉献给上帝，成为修女。马蒂斯惊讶万分，苦苦相劝，但她心意已决。从此，莫妮克·布儒瓦变成了雅克·玛丽（Jacques Maries）修女。

雅克·玛丽修女服务的教堂，就在疗养院旁，是老旧停车场加盖屋顶而成的破旧房子。1947 年，教会决定整修教堂。雅克·玛丽画了张圣母蒙召升天的草图，拿去给马蒂斯看，结果，马蒂斯决定投入教堂的改建计划。雅克·玛丽赞叹，相信马蒂斯的参与是受到上帝的启发。马蒂斯回道：“是的，那上帝是我本人。”②

旺斯教堂的装饰设计成为马蒂斯毕生创作时间最久、分量最重的作品。计划的开始，由雅克·玛丽制作十分之一比例的教堂建筑的模型，马蒂斯再据以设计教堂的标志、祭坛、十字架、壁画、玻璃嵌窗，甚至神父的祭袍和圣乐目录等装饰与物品。一般相信，年逾八十岁的马蒂斯之所以能完成这巨大的工程，是出于他对雅克·玛丽修女的情感与尊敬。

旺斯教堂的装饰，是由黄（大地）、蓝（天空）、绿（自然）的彩绘玻璃，以及素描构成的壁画为主。光线透过玻璃嵌窗，将自然的色彩

① 道明会成立于十二世纪初，由西班牙人圣多明尼克（Domingo de Guzman）在法国创立，至今是天主教托钵教会的主要门派之一。

② Robecca Spence（Dec 1，2005）. Matisse and the Nun. *Art News*.

旺斯教堂内部（ 面对祭坛 ）

马蒂斯（ Henri Matisse ）

和生命的气息映射到白色的空间，让人感受宁静、高雅、富现代感的庄严气氛。

祭坛后方的嵌窗图案，马蒂斯名之为《生命树》（法：*L'Arbre de vie* / 英：*The Tree of Life*）。图案上的主角是船桨状的仙人掌，象征在最干旱的沙漠之中，生命也能够坚毅地存在、绽放。面对祭坛左侧墙面的直立嵌窗上，是棕榈叶图案，代表耶稣进入耶路撒冷，众人手持棕榈枝叶，夹道欢迎，恭迎耶稣为救世主的意涵。

其他两面墙，拼贴着画在瓷砖表面的素描壁画。站在祭坛往观众席看，左侧墙面是圣母子的温馨祥和图案，而祭坛对面则是描绘耶稣被钉在十字架上受苦受难的过程。

进到教堂的访客，会看见太阳光透过马蒂斯设计的圆柱状嵌窗，流泻到室内，反射在大理石地面和白色砖墙上，让空间不显得局促；极简风格的素描图案，综合耶稣诞生与受难的经历，让信徒感受上帝降临的旨意；而祭坛后方的生命树，象征他的复活与不息。马蒂斯以现代的简洁语汇，具体而微地传递上帝的福音，让旺斯教堂脱胎换骨，堪称新一代天主教堂的杰作。

此外，马蒂斯以剪纸手法设计了一系列圣袍。这些圣袍的活泼几何图案与明亮的色彩搭配，为天主教的传统气息注入了现代化与年轻化的精神。

历经四年，新的旺斯教堂于 1951 年启用，而圣袍等其他装饰，于 1952 年完成。除了雅克·玛丽修女以外，马蒂斯最得力的助手、总管兼经纪的莉迪娅也功不可没。

1954 年 11 月 2 日，马蒂斯一如往常为莉迪娅画肖像，因为身体虚弱，只能躺在床上画素描。隔天，他心脏病突发，离开人世，享年八十五岁。

长期无法获得马蒂斯家人谅解的莉迪娅，随即拎着已准备了十五年的手提箱，离开尼斯寓所，连丧礼也没参加。

1980 年，马蒂斯的儿子皮埃尔，将父亲当初为旺斯教堂规划制作的嵌窗及壁画手稿，捐给梵蒂冈。

1998 年，终生未嫁的莉迪娅逝世于巴黎。她将毕生拥有的马蒂斯

圣袍（正／反）

法：*Ornements sacerdotaux* / 英：*Vestments*

马蒂斯（Henri Matisse）剪纸作品

1950—1952，128.2 cm×199.4 cm

纽约 / 现代艺术博物馆（The Museum of Modern Art，New York）

作品——包括马蒂斯的馈赠以及她本人收购而来的——全数捐给祖国俄罗斯；少部分进入莫斯科的普希金博物馆，大多数则由圣彼得堡的埃米塔吉博物馆收藏。

|附　录|

繁星巨浪 时光隧道

时间 vs 艺术

Time v.s. Art
1480s—1970s

文艺复兴时代

年代 1480 1490 1500 1510 1520

政治社会

- 1494年—1559年意大利战争，造成文艺复兴的衰落
- 1492年哥伦布首航美洲

文史科学

- 米兰多拉《论人的尊严》（1486）出版，被视为文艺复兴宣言

代表作品

达·芬奇 Leonardo Da Vinci，1452—1519

岩间圣母

最后的晚餐

蒙娜丽莎

施洗者圣约翰

米开朗琪罗 Michelangelo，1475—1564

半人马之战

圣殇

大卫

创造亚当

拉斐尔 Raphael，1483—1520

天使

西斯廷圣母

绅士画像

帕里斯的评判

1530　1540　1550　1560　1570

• 1576 年意大利暴发黑死病，终结威尼斯画派

• 1527 年罗马之劫（战争和黑死病侵袭）

• 1543 年哥白尼《天体运行论》，推翻地球是宇宙中心的观念

• 马基雅弗利《君主论》(1532)

夜

最后的审判（局部）

卡皮托利诺广场

圣彼得教堂圆顶与正殿建筑

文艺复兴时代

年代 1480 1490 1500 1510 1520

雅典学院

嘉拉提亚的凯旋

弗娜瑞娜

乔尔乔内 Giorgione，1477/1478—1510

朱迪丝

暴风雨

沉睡的维纳斯

代表作品

提香 Tiziano Vecellio，1488/1490—1576

田园合奏

圣母升天

酒神与阿里亚德妮

其他重要作品

维纳斯的诞生
波提切利

七慈悲
阿尔克马尔

米迦勒
杰拉尔德·大卫

禁止触碰
柯勒乔

Renaissance

1530 1540 1550 1560 1570

乌尔比诺的维纳斯

马背上的查理五世

黛安娜与阿克特翁

掠夺欧罗巴

阿克特翁之死

使节
小霍尔拜因

抹大拉的马利亚的转变
委罗内塞

雪中猎人
老彼得·勃鲁盖尔

在加利利海的基督
丁托列托

巴洛克时代与新古典主义的萌芽

年代 1580 1590 1600 1610 1620

政治社会

- 1585 年—1590 年教宗西斯都五世重建罗马城
- 1618 年—1648 年经历三十年战争
- 1610 年—1643 年波旁王朝：法王路

文史科学

- 1609 年前后，伽利略发明天文望远镜，观测太阳黑子、彗星与银河系
- 发表惯性原理；研发精密显微镜应用于科学研究
- 莎士比亚《罗密欧与朱丽叶》（1595）、《哈姆雷特》（1602）
- 塞万提斯《堂吉诃德》（1605/1615）

卡拉瓦乔 Caravaggio，1570—1610

女占卜师

鲁特琴手

圣马太蒙召

韦格纳科特和侍从

代表作品

酒神

乐师

圣母之死

七善行

手提哥利亚头颅的大卫

纸牌老千

捧果篮的男孩

被蜥蜴咬的男孩

圣马太与天使

圣马太的灵感

Baroque & the seeds of Neoclassicism

1630	1640	1650	1660	1670

法兰西获胜壮大，神圣罗马帝国和西班牙日渐衰落

•1648 年荷兰脱离西班牙独立，成为海上强权

•1643 年—1715 年 波旁王朝：法王路易十四

•1635 年黎塞留成立法兰西学术院，成为规范法语和推行艺术的机构

•约翰 · 弥尔顿 《论出版自由》（1644）

荷兰巴洛克（荷兰绘画的黄金时代）

吉卜赛女郎
弗兰斯 · 哈尔斯

小牛
保卢斯 · 波特

台夫特房舍庭院
霍贺

得恋爱病的少女
斯滕

埃克河边的磨坊
雷斯达尔

巴洛克时代与新古典主义的萌芽

年代 1580 1590 1600 1610 1620

伦勃朗 Rembrandt，1606—1669（荷

代 表 作 品

委拉斯开兹 Diego Velázquez，1599—1660

煎鸡蛋的妇人

普桑 Nicolas Poussin，1594—1665

弥达斯王与酒神

Baroque & the seeds of Neoclassicism

1630　1640　1650　1660　1670

沉思中的哲学家

夜巡

基督致敬人民

呢商同业公会理事

维米尔 Johannes Vermeer，1632—1675（荷兰）

倒牛奶的女仆

台夫特一景

戴珍珠耳环的少女

(西班牙)

酒神的胜利

巴利雅多立德肖像

战神

教皇英诺森十世

宫娥

强掳萨宾女人

山水间的俄耳甫斯和欧里狄克

圣保罗升天

四季系列：秋

新古典主义时代（伴随浪漫、写实及田园主义的兴起）

年代　1770　1780　1790　1800　1810

政治社会

- 1774 年—1792 年 波旁王朝：法王路易十六
- 1792 年—1804 年 法兰西第一共和国
- 1804 年—1814 年 法兰西第一帝国　拿破仑
- 1775 年—1783 年 美国独立战争
- 1789 年—1799 年 法国大革命
- 1793 年—1794 年雅各宾派恐怖统治

文史科学艺术音乐

- 亚当 · 斯密《富国论》(1776)
- 卢梭《忏悔录》(1782—1789)
- 歌德《少年维特的烦恼》(1774)
- 简 · 奥斯汀《傲慢与偏见》(1813)
- 莫扎特《魔笛》(1791)
- 贝多芬《命运交响曲》(1808)
- 海顿《降 E 大调小号协奏曲》(1796)
- 帕格尼尼《24 首小提琴随想曲》(1805—1809)

代表作品

雅克-路易 · 大卫 Jacques-Louis David，1748—1825

马拉之死

萨宾妇女的调停

跨越阿尔卑斯山圣伯纳隘口的拿破仑

安格尔 Jean-Auguste-Dominique Ingres，1780—1867

瓦平松的浴女

大宫女

Neoclassicism (and the rise of Romanticism, Realism & Barbizon)

1820　1830　1840　1850　1860

- 1814 年—1830 年 波旁王朝复辟
- 1830 年—1848 年 奥尔良王朝
- 1848 年—1852 年 法兰西第二共和国
- 1852 年—1870 年 法兰西第二帝国　路易 · 拿破仑

- 1821 年—1832 年 希腊独立战争

- 1823 年拜伦参加希腊战争

- 1829 斯蒂芬孙首条铁路完工

- 司汤达《红与黑》(1830)　•弗洛拉《贱民流浪记》(1838)

- 雨果《巴黎圣母院》(1831)　•巴尔扎克《高老头》(1835)　•大仲马《基督山伯爵》(1844)

- 舒伯特《鳟鱼》(1817)　•肖邦《雨滴前奏曲》(1838)　•李斯特《帕格尼尼练习曲》(1838)

- 舒曼《儿时情景》(1838)

丘比特与普绪喀

荷马的礼赞

贝尔坦先生肖像

土耳其宫女与女奴

泉

土耳其浴室

附录

新古典主义时代（伴随浪漫、写实及田园主义的兴起）

年代	1770	1780	1790	1800	1810

德拉克鲁瓦 Eugène Delacroix，1798—

其他代表作品

裸体的马娅
戈雅

1808 年 5 月 3 日枪杀起义者
戈雅

Neoclassicism（and the rise of Romanticism， Realism & Barbizon）

1820　1830　1840　1850　1860

萨达纳帕拉斯之死

自由引导人民

阿尔及尔女人

猎狮

威文侯公园
康斯太布尔

雨、蒸汽和速度——西部大铁路
透纳

奥南的葬礼
库尔贝

沉睡
库尔贝

神奈川冲浪里
葛饰北斋

喝水的牛
特鲁瓦永

拾穗
米勒

三级车厢
杜米埃

现代绘画的兴起与印象主义

年代 1850 1860

- 1852 年—1870 年，法兰西第二帝国　路易 · 拿破仑
- 1853 年奥斯曼启动巴黎重建工程
- 1861 年—1865 年美国南北战争
- 达尔文《物种起源》(1859)
- 1863 落选者沙龙

文史科学艺术音乐

- 梅尔维尔《白鲸》(1851)
- 波德莱尔《恶之花》(1857)
- 福楼拜《包法利夫人》(1857)
- 托尔斯泰《战争与和平》(1865—1869)
- 狄更斯《双城记》(1859)
- 波德莱尔《巴黎的忧郁》(1869)
- 小约翰 · 斯特劳斯《蓝色多瑙河》(1866)
- 瓦格纳《尼伯龙根的指环》(1848—1874)

马奈 Édouard Manet，1832—1883

代表作品

喝苦艾酒的人

西班牙歌手

草地上的午餐

奥古斯特 · 马奈夫妇肖像

惊讶的仙女

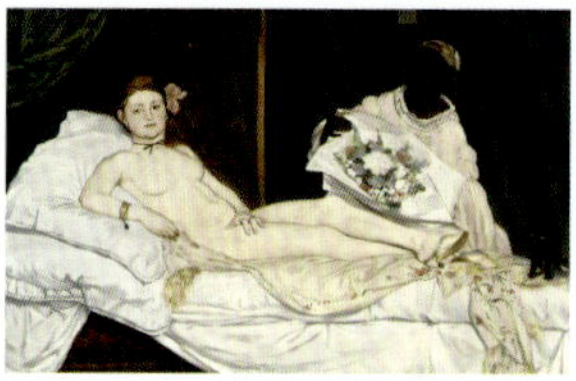

奥林匹亚

Modern Painting and Impressionism

1870　　1880　　1890

- 1870 年—1940 年法兰西第三共和国
- 1870 年—1871 年普法战争
- 1871 年巴黎公社事件
- 1879 年爱迪生发明电灯
- 1874 年首届印象派画家联展
- 1881 年黑猫夜总会开业
- 左拉《娜娜》（1880）
- 马克 · 吐温《顽童流浪记》（1884）
- 莫泊桑《羊脂球》（1880）
- 陀思妥耶夫斯基《卡拉马佐夫兄弟》（1879—1880）
- 尼采《欢悦的智慧》（1882）
- 高迪“圣家族大教堂”开工（1882）
- 勃拉姆斯《D 大调小提琴协奏曲》（1878）
- 柴可夫斯基《1812 序曲》（1880）

吹笛少年

隆尚赛马

手持紫罗兰的摩里索

女神游乐厅的吧台

女人与鹦鹉

左拉的肖像

弹奏钢琴的马奈夫人

沥青涂船

现代绘画的兴起与印象主义

年代 1850 1860 1870

德加 Edgar Degas，1834—1917

赛马检阅

歌剧院管弦乐团

聆听帕甘兹弹唱的父亲

莫奈 Claude Monet，1840—1926

绿衣女子

花园中的女人

日出·印象

其他代表作品

大鸣门滩右卫门
歌川国明

维纳斯的诞生
卡巴内尔

作画的巴齐勒
雷诺瓦

巴齐勒画室
巴齐勒与马奈

Modern Painting and Impressionism

1880 1890

芭蕾课

苦艾酒

浴盆

浴后

浴后擦拭颈部的女人

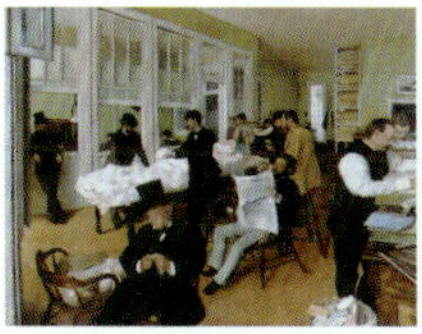
新奥尔良的棉花交易所

熨衣妇

浴盆

晨浴

梳发

撑阳伞散步的女人

圣拉扎尔火车站

临终的卡米耶

撑阳伞的女人（面左）

麦草堆

清晨的塞纳河

巴蒂尼奥勒画室
方坦·拉图尔

莫尔西划船赛
希斯莱

船上的午宴
雷诺瓦

餐厅
摩里索

雨中的巴黎歌剧院大街
毕沙罗

后印象派

年代	1870	1880
政治社会		
文史科学 艺术音乐		

塞尚 Paul Cézanne，1839—1906

代表作品

田园牧歌

融雪的埃斯塔克

曼西池塘

舅舅多米尼克：僧侣

亚历克西斯为左拉朗读

黑色时钟

休息的浴者

凡·高 Vincent van Gogh，1853—1890

悲伤

吃土豆的人

Post-Impressionism

1890 1900

•1889 年埃菲尔铁塔落成 •1894 年—1900 年德雷富斯囚禁恶魔岛

•左拉《我控诉……！》(1898)

•托尔斯泰《复活》(1899)

•德沃夏克《第 8 号交响曲》(1889)

静物苹果篮子

丘比特石膏像与静物

咖啡壶边的女人

圣维克多山

大浴女

路边转角

穿红背心少年

玩纸牌者

从比贝姆斯采石场看去的圣维克多山

圣维克多山与黑堡

向日葵

夜间露天咖啡座

星夜

盛开的杏花

后印象派

年代 1870 1880

凡 · 高 Vincent van Gogh，1853—1890

朗格卢瓦桥

邮差鲁兰

布列塔尼女人与小孩

割耳后的自画像

高更 Paul Gauguin，1848—1903

女孩梦境

热带植物

在浪中

静物与拉瓦尔

布道后的幻象

黄色基督

其他代表作品

阿尼埃尔的浴场
修拉

大碗岛的星期天下午
修拉

草地上的布列塔尼女人
贝尔纳

1890 1900

圣雷米的风景

加谢医生的肖像

麦田群鸦

有孔雀的风景

亡灵窥探

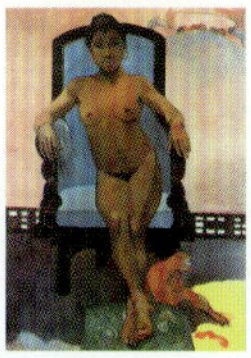
爪哇女子·安娜

扶手椅上的向日葵

沙滩上骑马的人

消遣

怎么！你嫉妒吗？

我们从哪里来？我们是什么？我们要往哪里去？

菲力克斯·费农肖像
西涅克

跳舞练习
罗特列克

伯列的海
欧仁·布丹

呐喊
蒙克

饿狮猛扑羚羊
亨利·卢梭

现代艺术

年代	1890	1900	1910	1920

政治社会

- 1906 旧金山大地震
- 1914 年—1918 年第一次世界大战
- 1917 年俄国革命，帝国时代结束

文史科学 艺术音乐

- 弗洛伊德《梦的解析》（1899）
- 爱因斯坦发表相对论（1905、1915）
- 四只猫咖啡馆开业（1897）
- 首届秋季沙龙（1903）
- 美国国际现代艺术展（1913）
- D.H. 劳伦斯《儿子与情人》（1913）
- 乔伊斯《尤利西斯》
- 普鲁斯特《追忆似水年华》（1913—1927）
- 海明威《太阳照常升起》（1926）
- 舍伍德 · 安德森《小城畸人》（1919）
- 拉赫玛尼诺夫《第 3 号钢琴协奏曲》（1908）

马蒂斯 Henri Matisse，1869—1954

代表作品

男模特儿

敞开的窗

戴帽子的女人

红色的和谐

红色画室

餐桌

生之喜悦

舞蹈

钢琴课

向日葵花瓶

奢华、宁静与享乐

蓝色裸女

音乐

1930　1940　1950　1960　1970

- 1939 年—1945 年第二次世界大战
- 1929 年—1933 年经济大萧条
- 阿姆斯特朗登陆月球（1969）

菲茨杰拉德《了不起的盖茨比》（1925）

- 格特鲁德 · 斯泰因《艾丽斯自传》（1933）
- 纳博科夫《洛丽塔》（1955）
- 海明威《流动的盛宴》（1964）
- 福克纳《喧哗与骚动》（1929）
- 马尔克斯《百年孤独》（1967）
- 格什温《一个美国人在巴黎》（1928）
- 披头士《比伯中士的寂寞芳心俱乐部》（1967）

以装饰图案为背景的人体

生之树

圣袍（正 / 反）
1950—1952

音乐课

铃鼓与宫女

旺斯教堂内部
（面对祭坛）

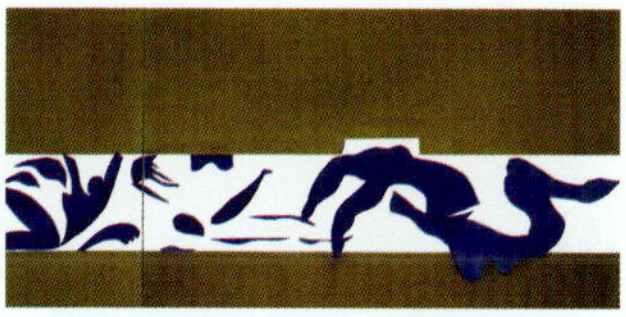

游泳池（局部）

高举手臂的摩尔人妇女

小丑

蓝色裸体一

图书在版编目 (CIP) 数据

繁星巨浪：大艺术家的作品和他们的故事．峰回路转卷 / 张志龙著．—北京：中国法制出版社，2020.5

ISBN 978-7-5216-0842-7

Ⅰ．①繁…　Ⅱ．①张…　Ⅲ．①画家—生平事迹—世界
Ⅳ．① K815.72

中国版本图书馆 CIP 数据核字（2020）第 021797 号

策划编辑：李　佳（amberlee2014@126.com）
责任编辑：王　悦（wangyuefzs@163.com）　　封面设计：汪要军

繁星巨浪：大艺术家的作品和他们的故事．峰回路转卷

FANXING JULANG: DA YISHUJIA DE ZUOPIN HE TAMEN DE GUSHI. FENGHUI–LUZHUAN JUAN

著者 / 张志龙

经销 / 新华书店

印刷 / 北京华联印刷有限公司

开本 / 787 毫米 ×1092 毫米　16 开　　印张 / 13.75　字数 / 212 千

版次 / 2020 年 5 月第 1 版　　2020 年 5 月第 1 次印刷

中国法制出版社出版

书号 ISBN 978-7-5216-0842-7　　定价：58.00 元

北京西单横二条 2 号　邮政编码 100031　　传真：010-66031119

网址：http://www.zgfzs.com　　**编辑部电话：010-66054911**

市场营销部电话：010-66033393　　**邮购部电话：010-66033288**

（如有印装质量问题，请与本社印务部联系调换。电话：010-66032926）